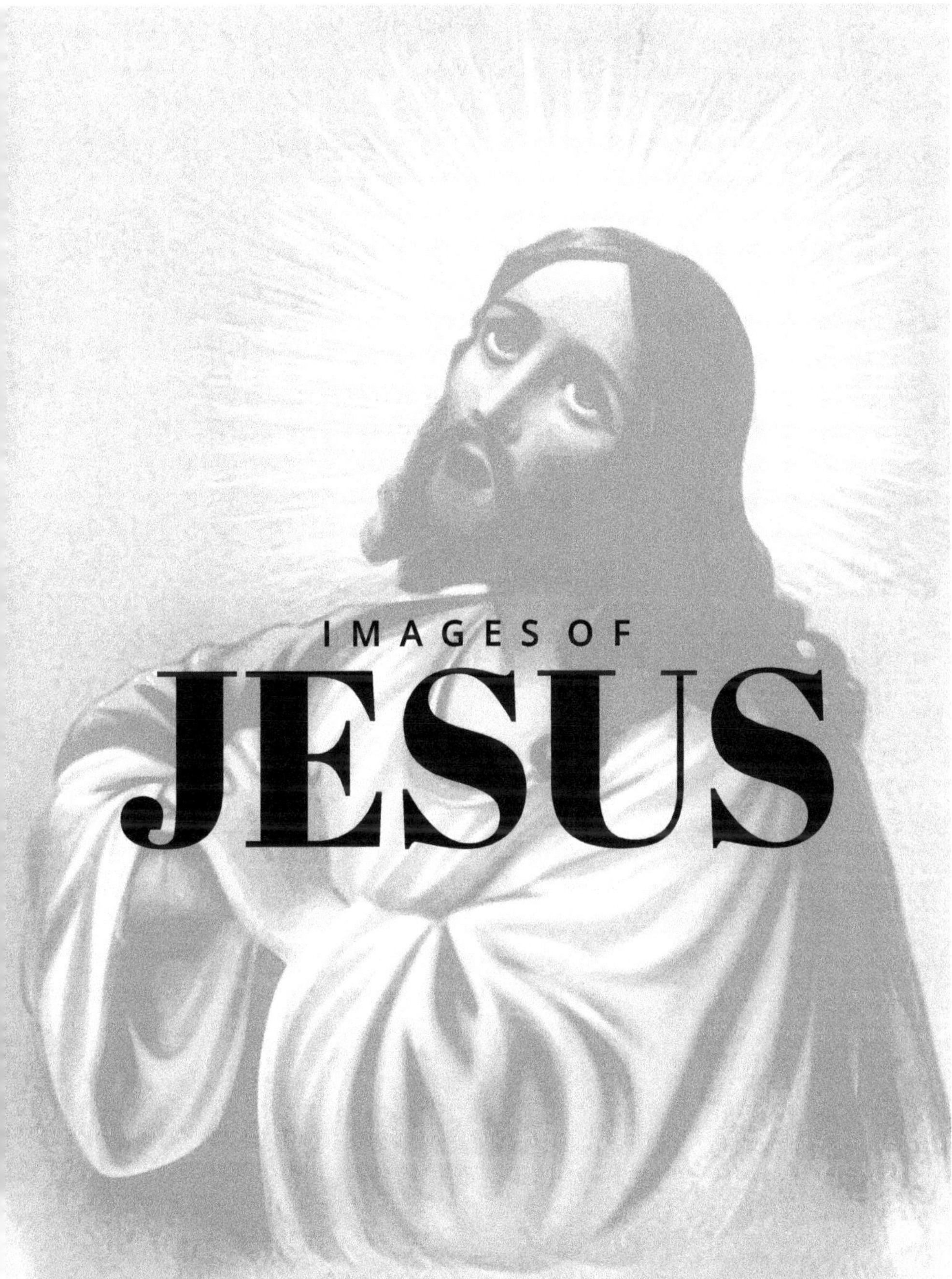

IMAGES OF

JESUS

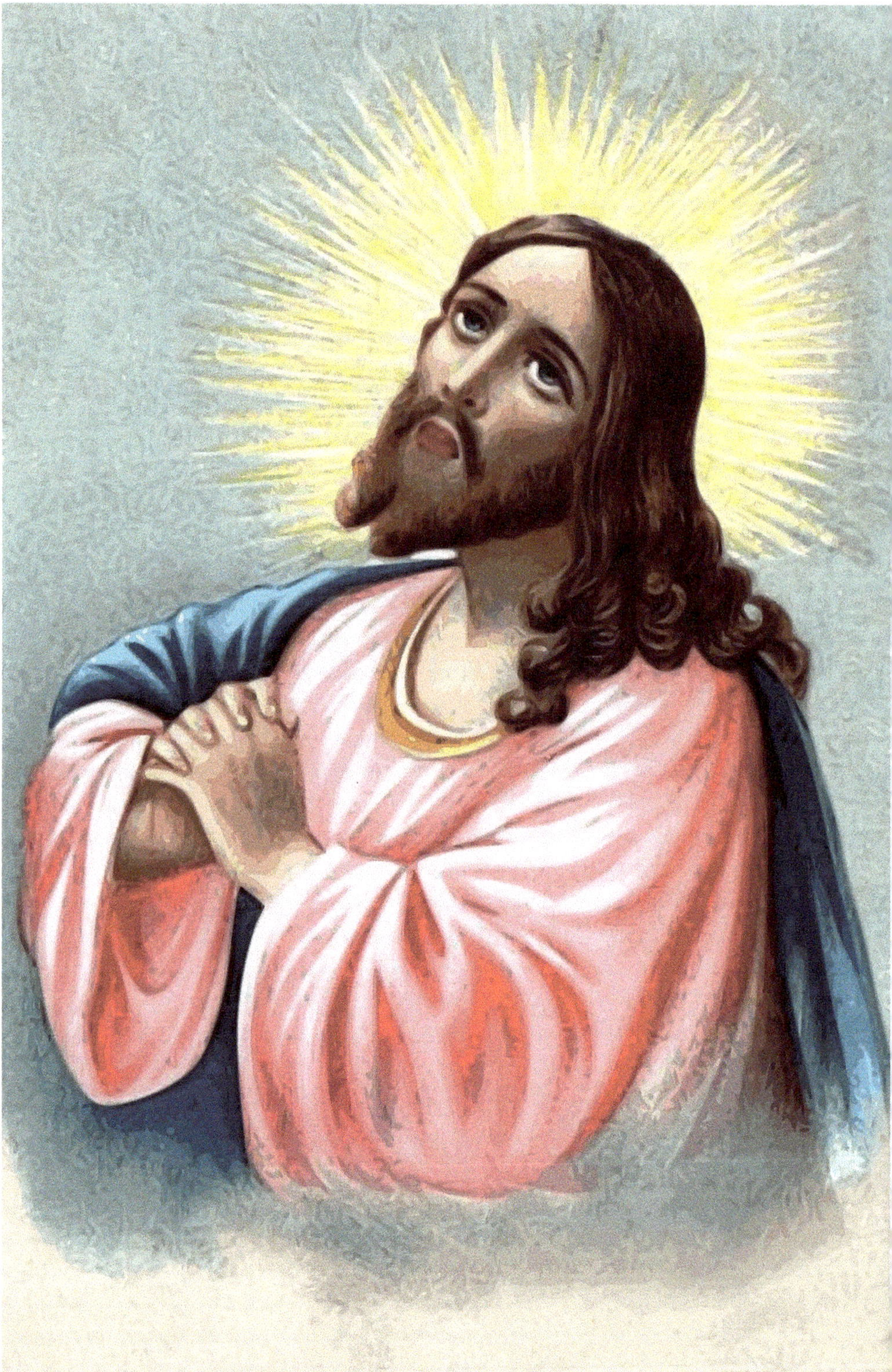

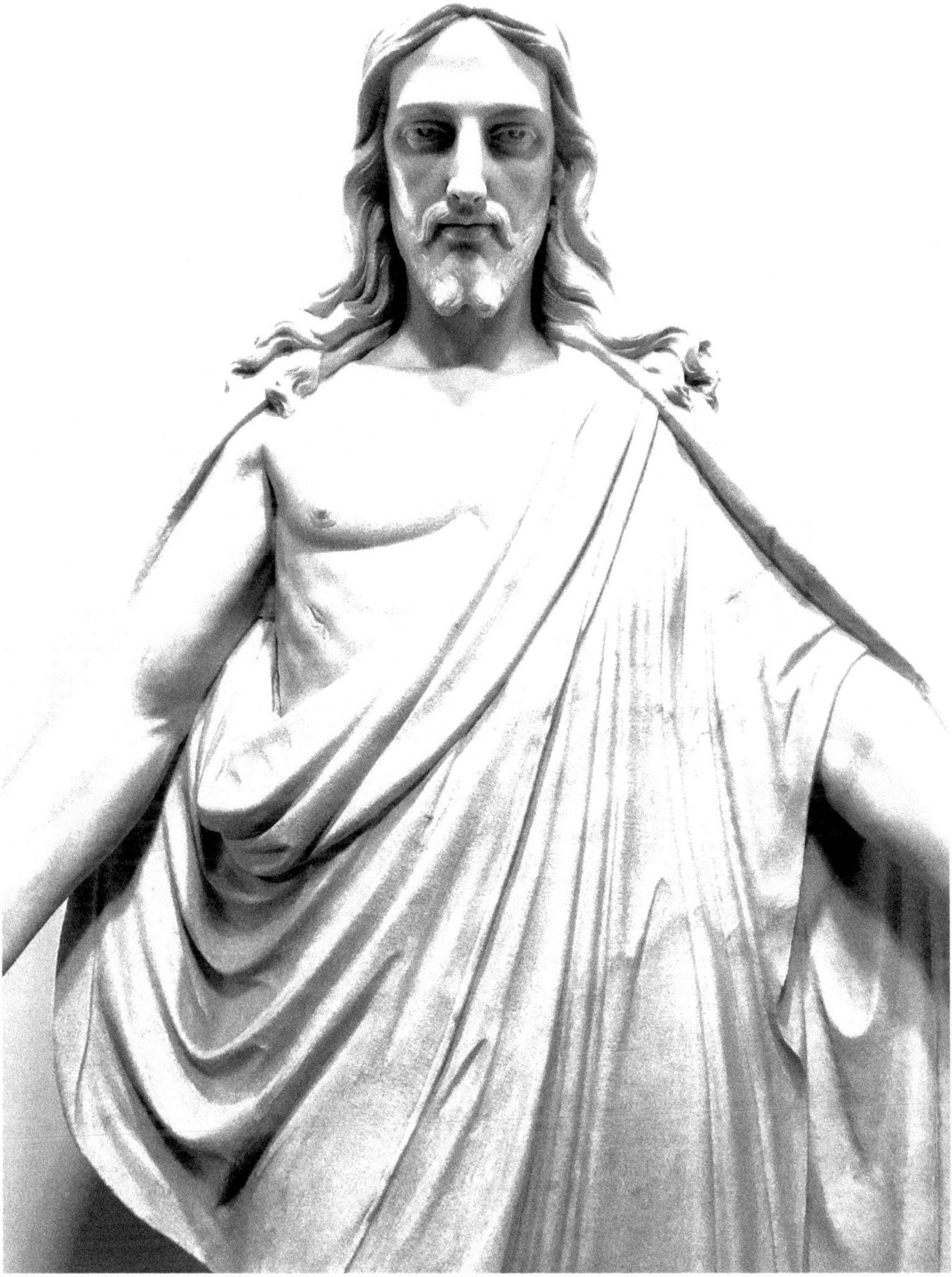

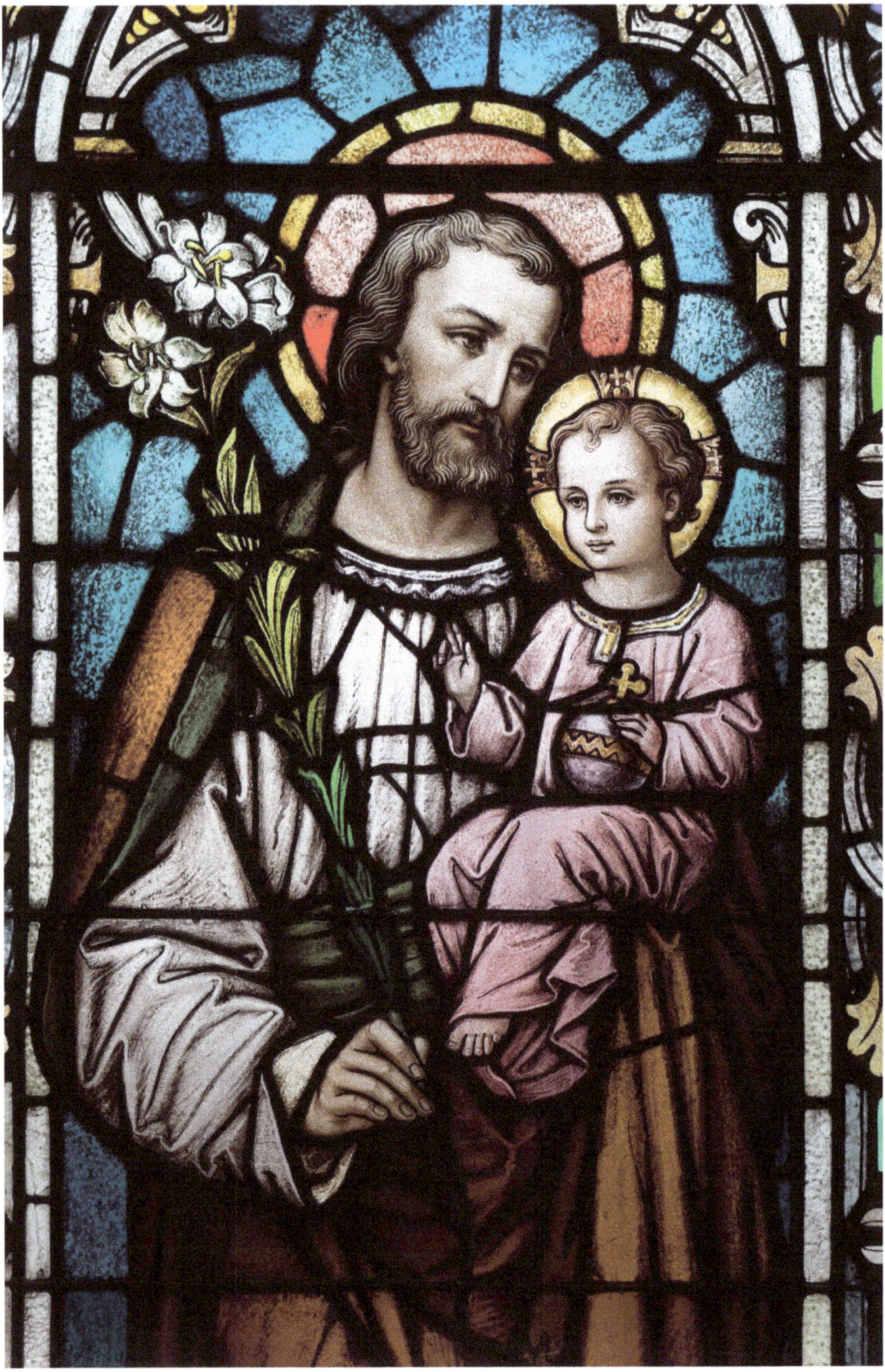

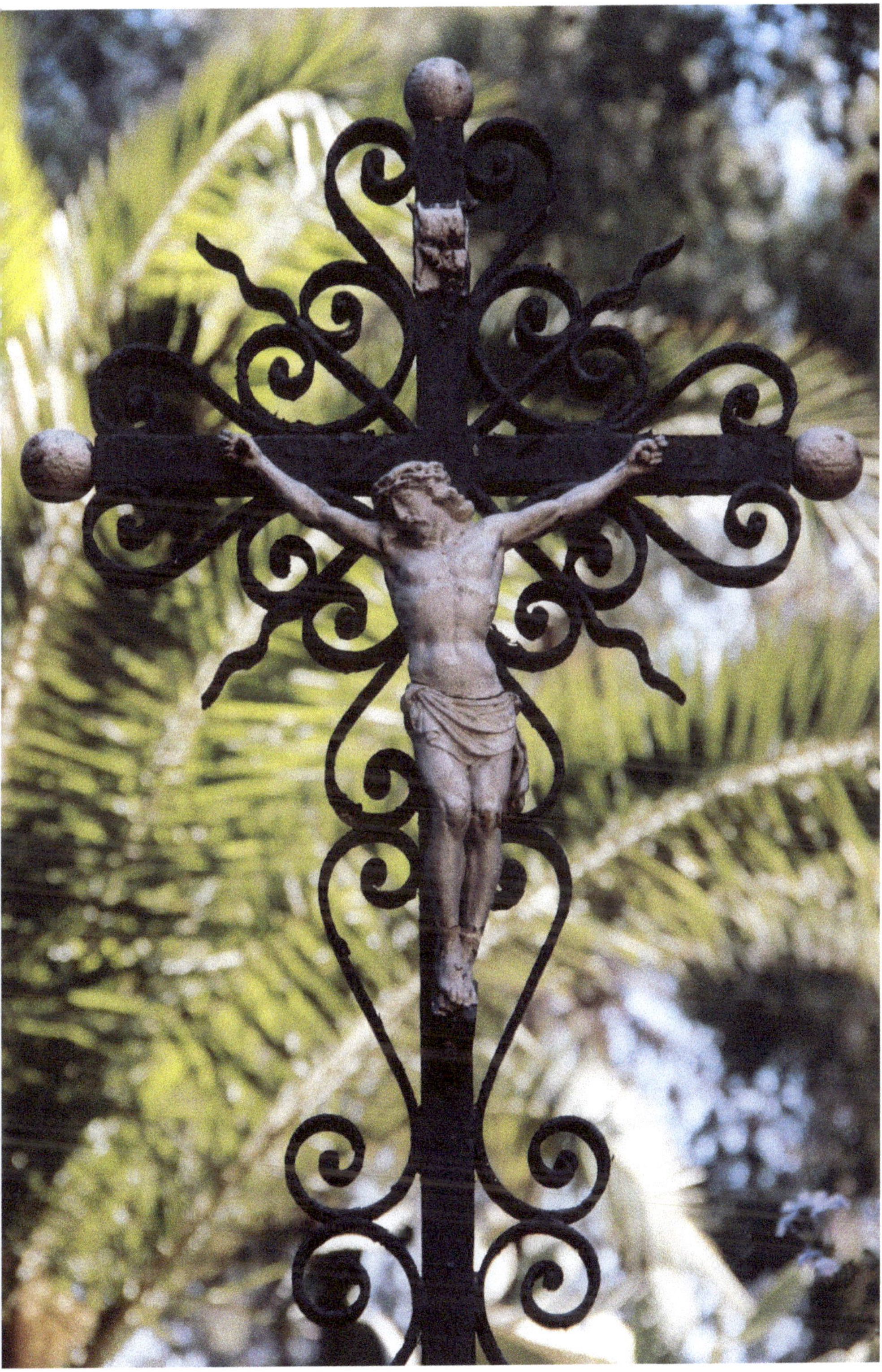

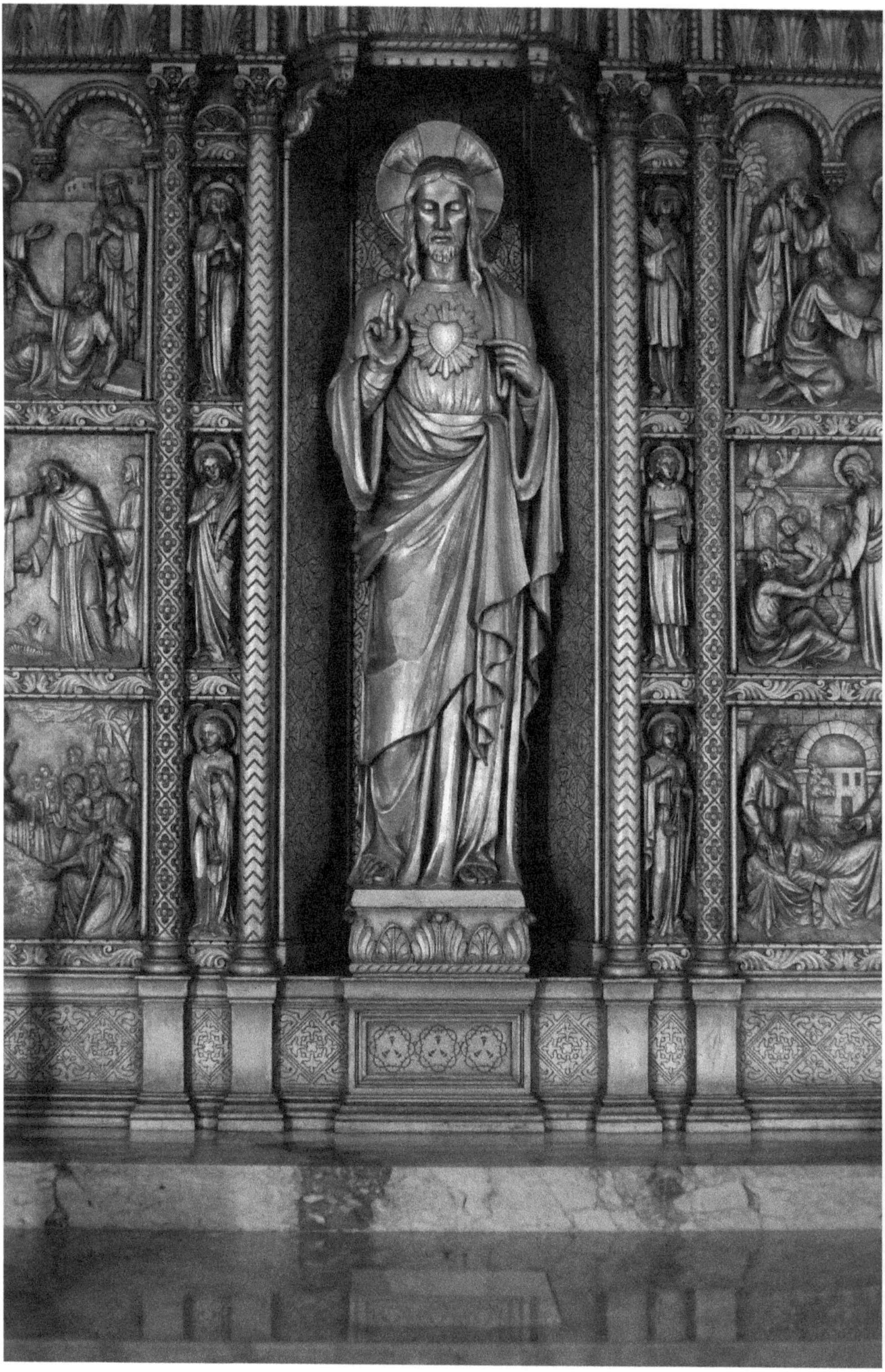

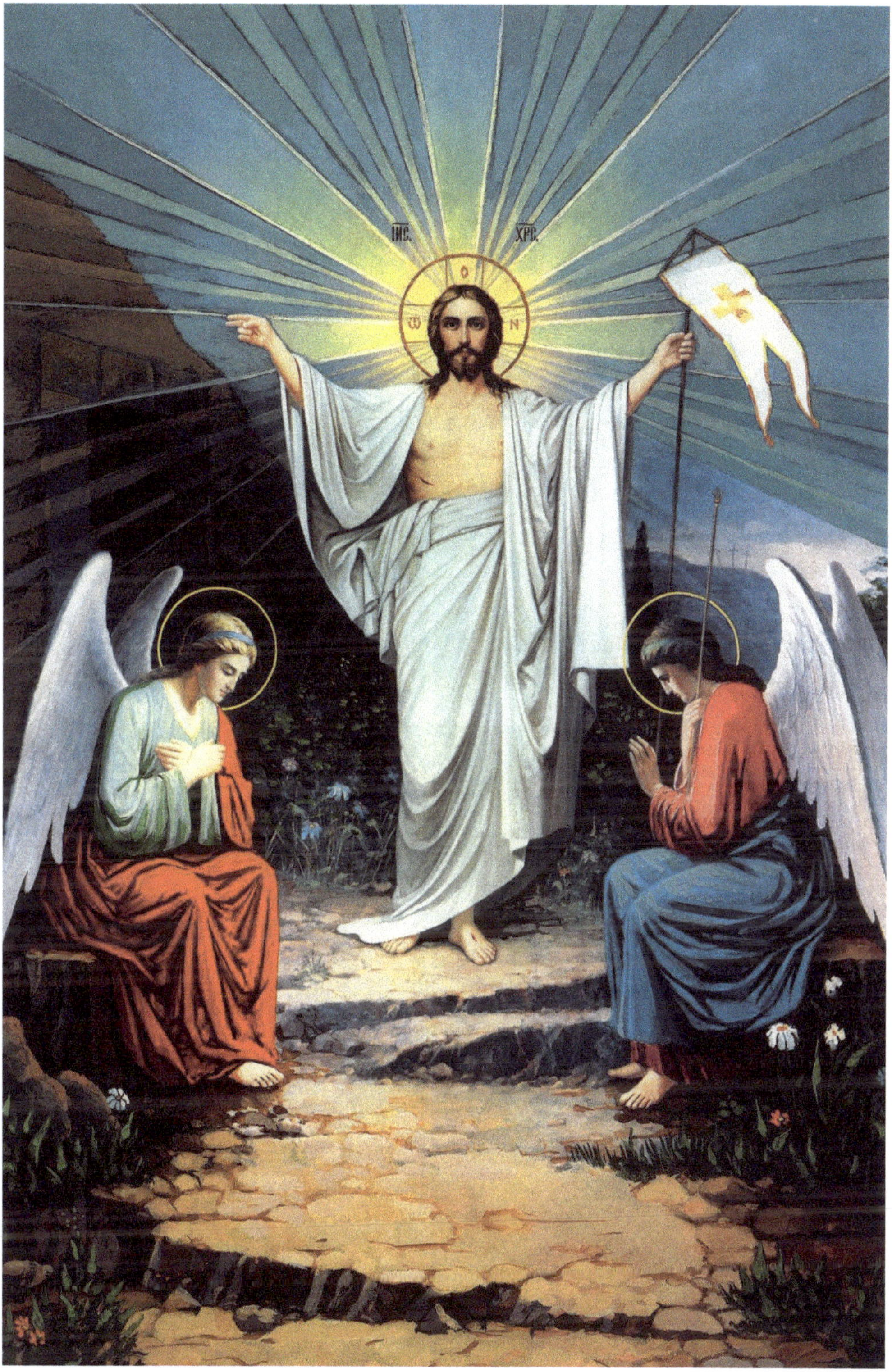
ІНС.
ХРС.

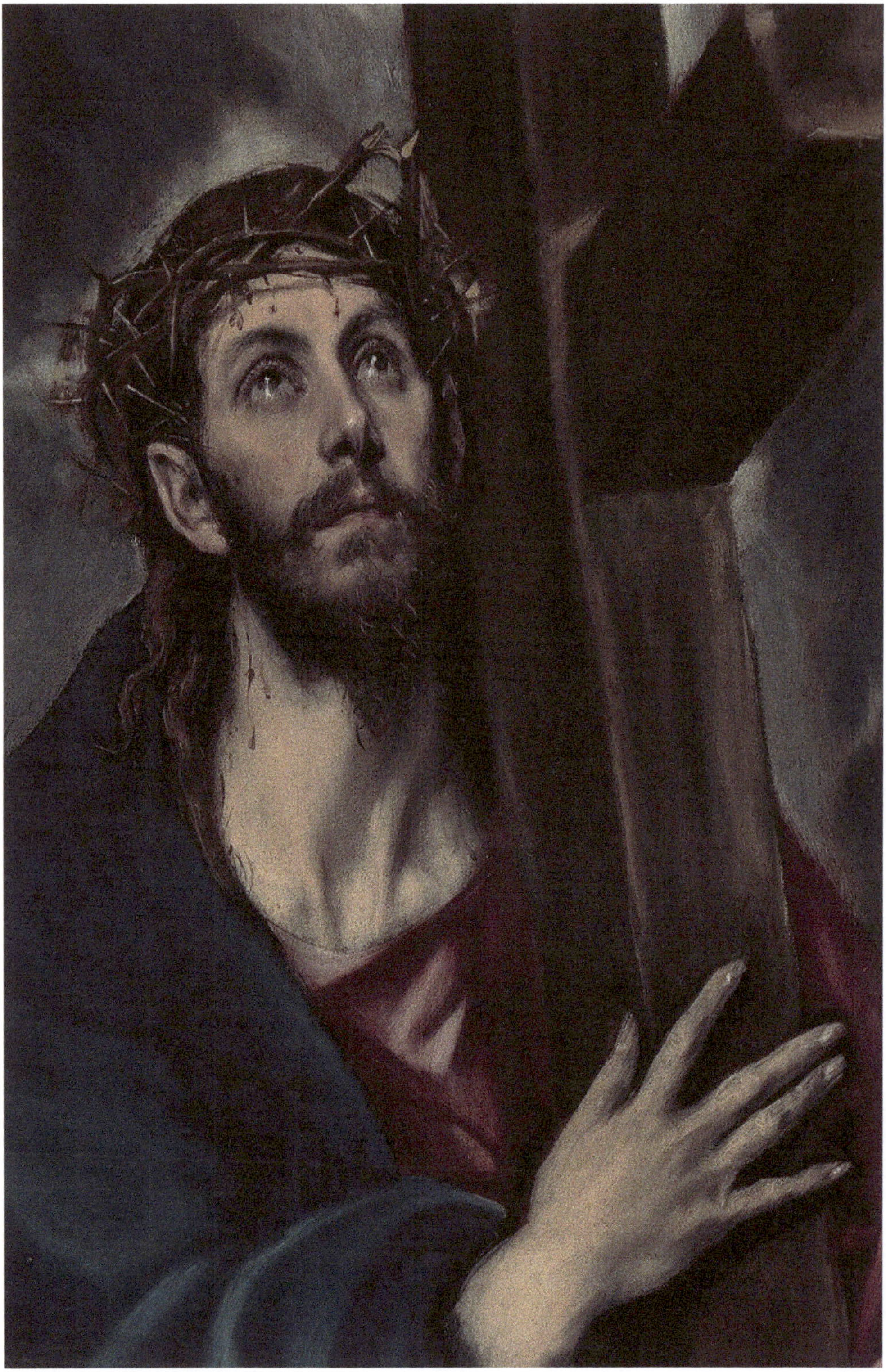

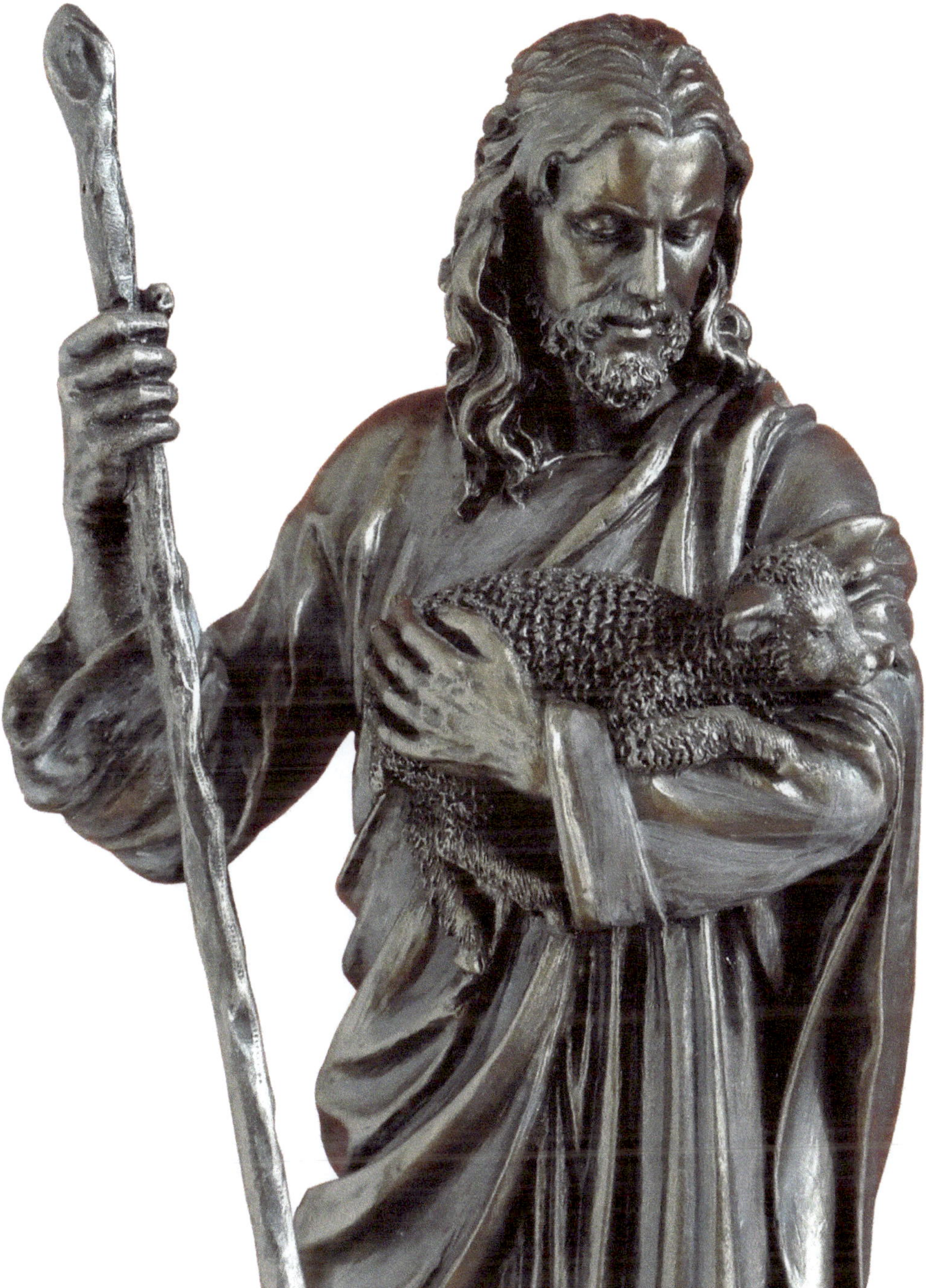

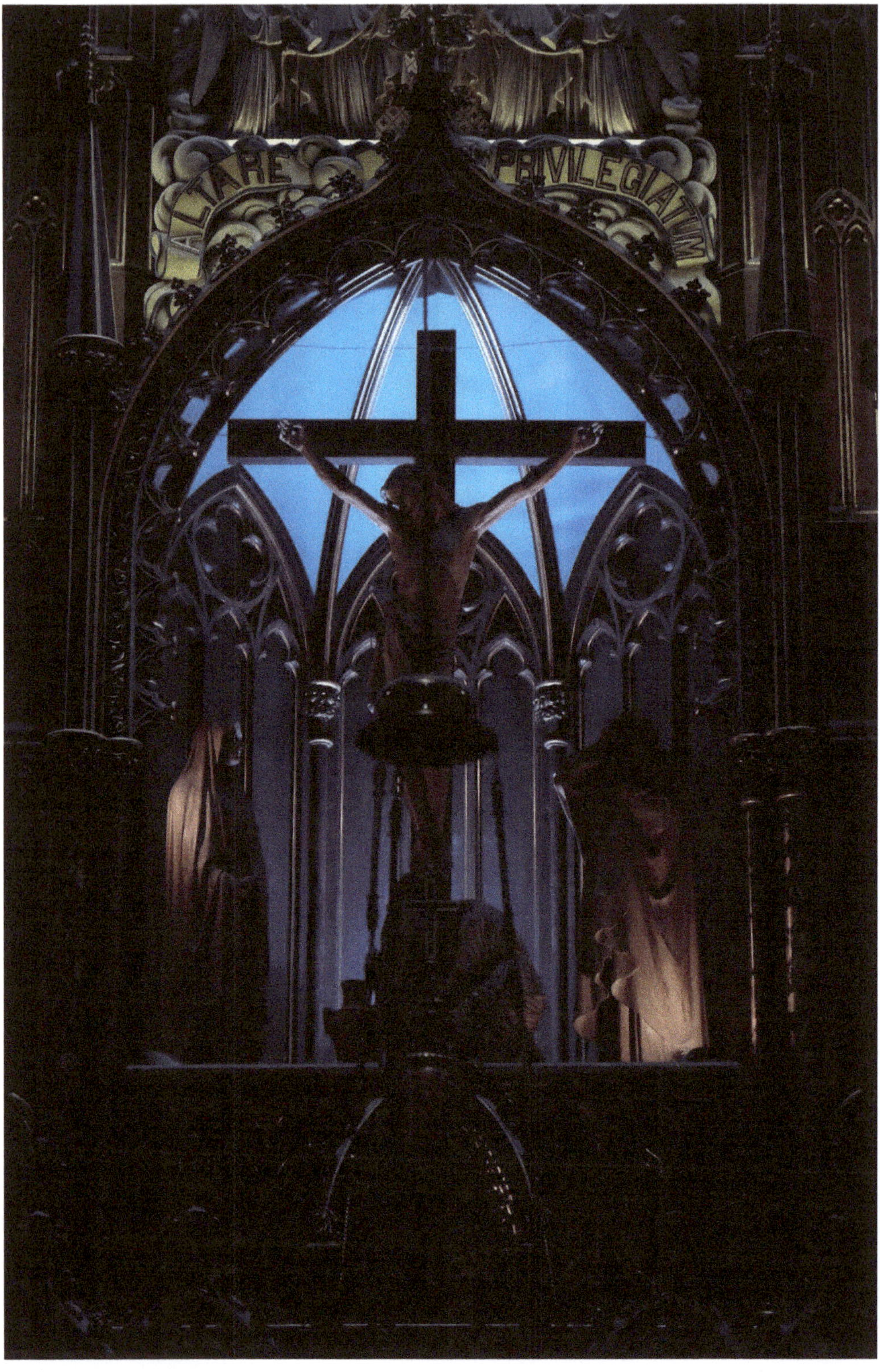
ALTARE PRIVILEGIATUM

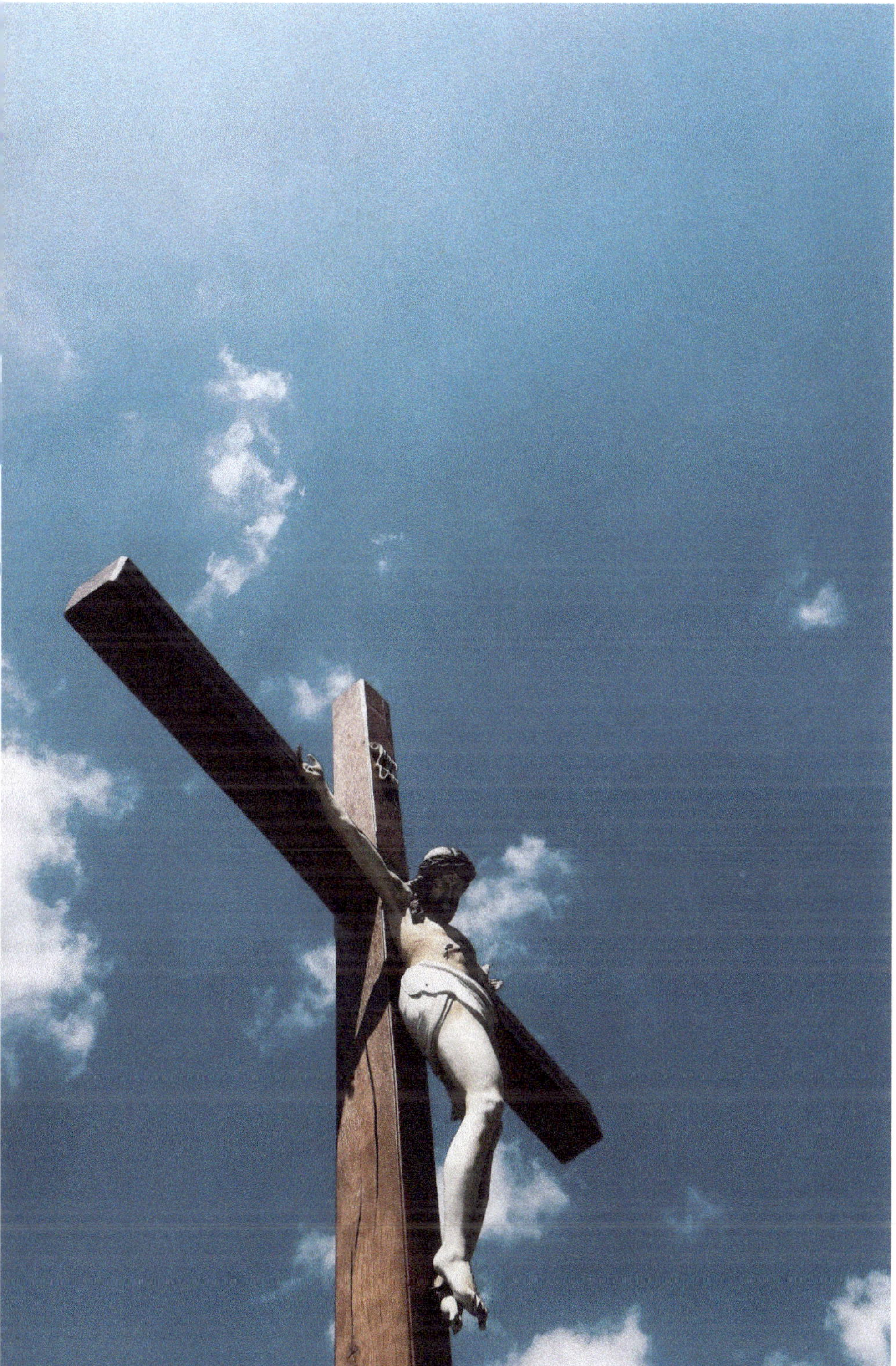

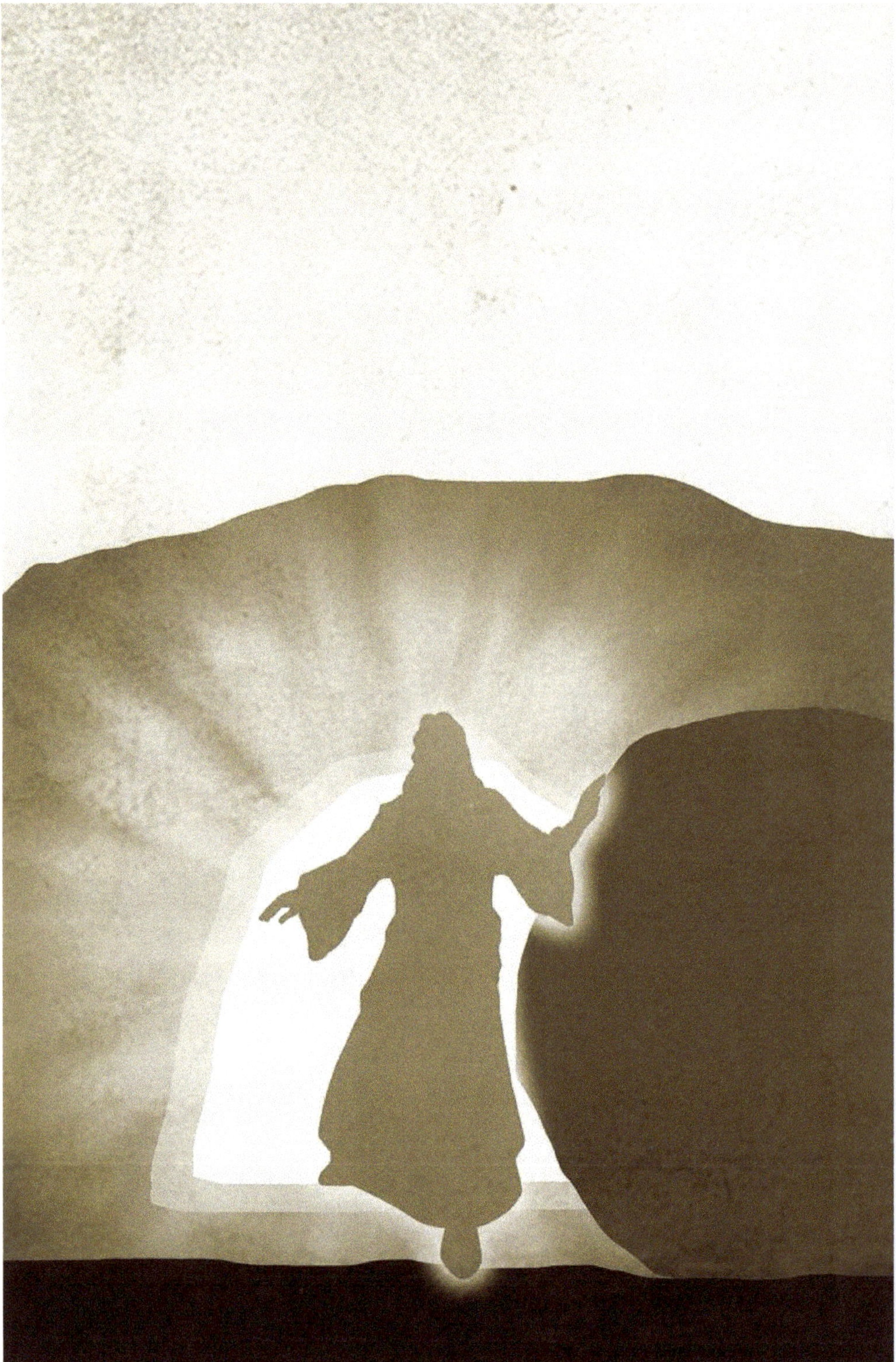

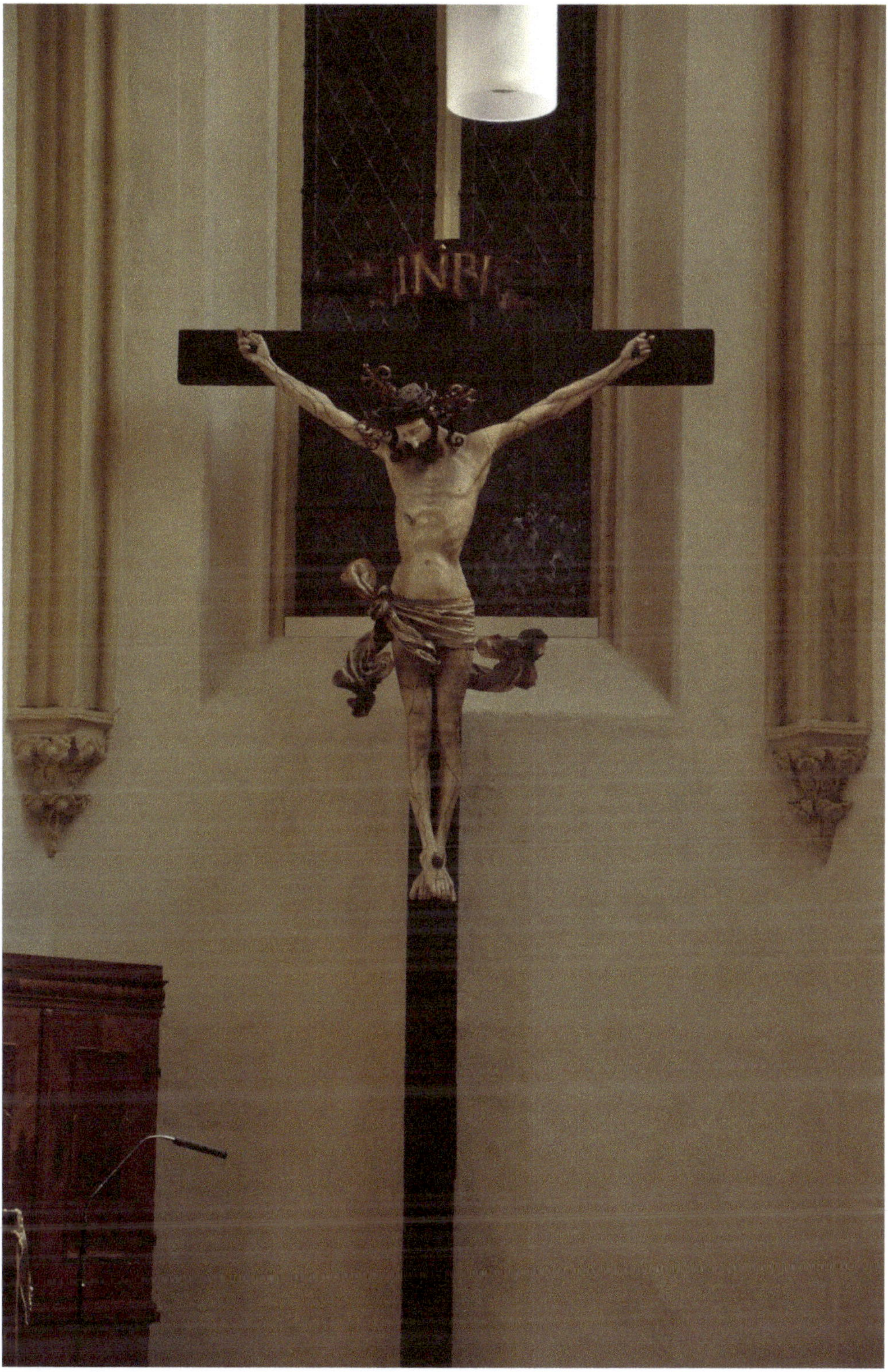
INRI

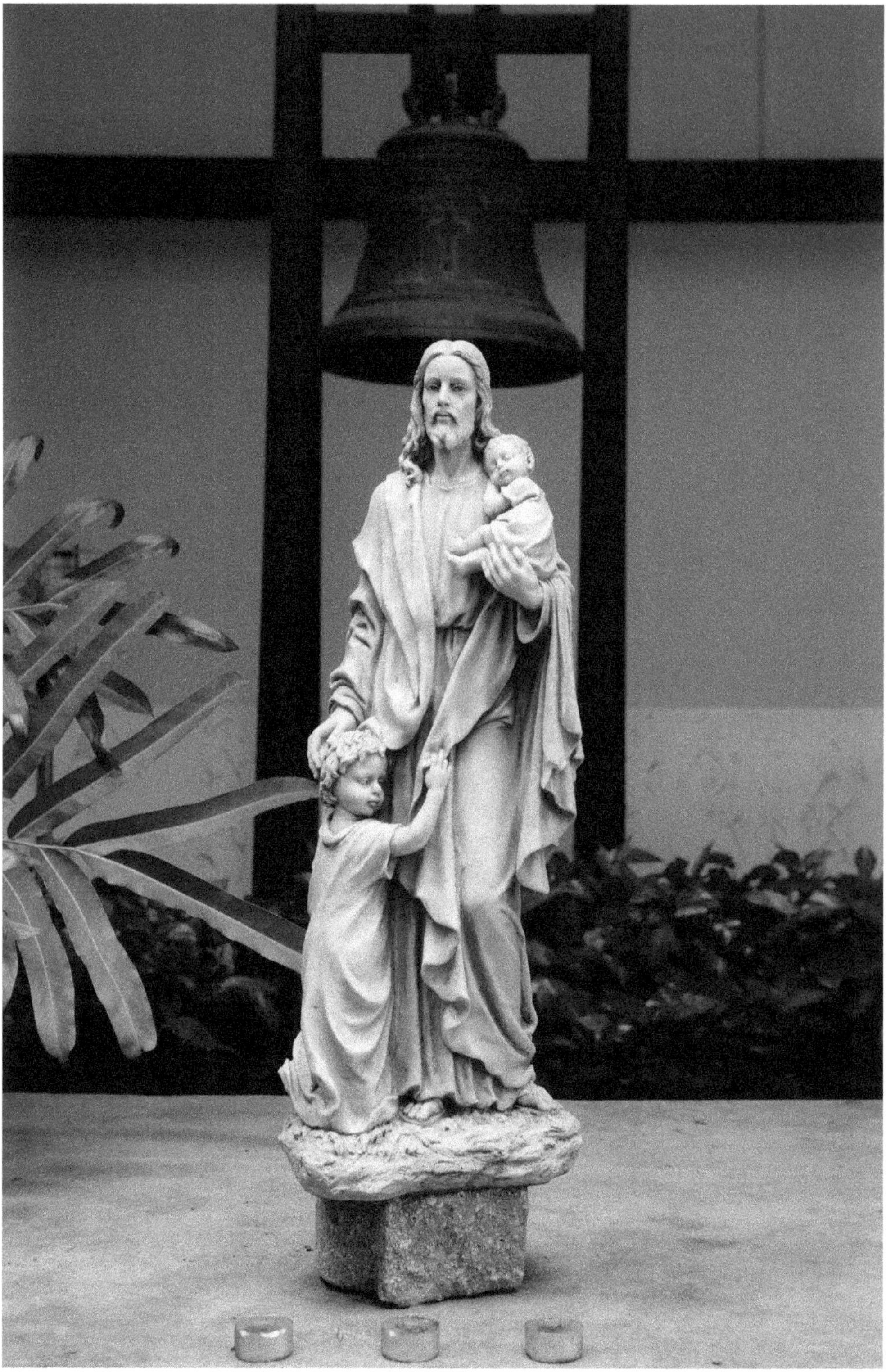

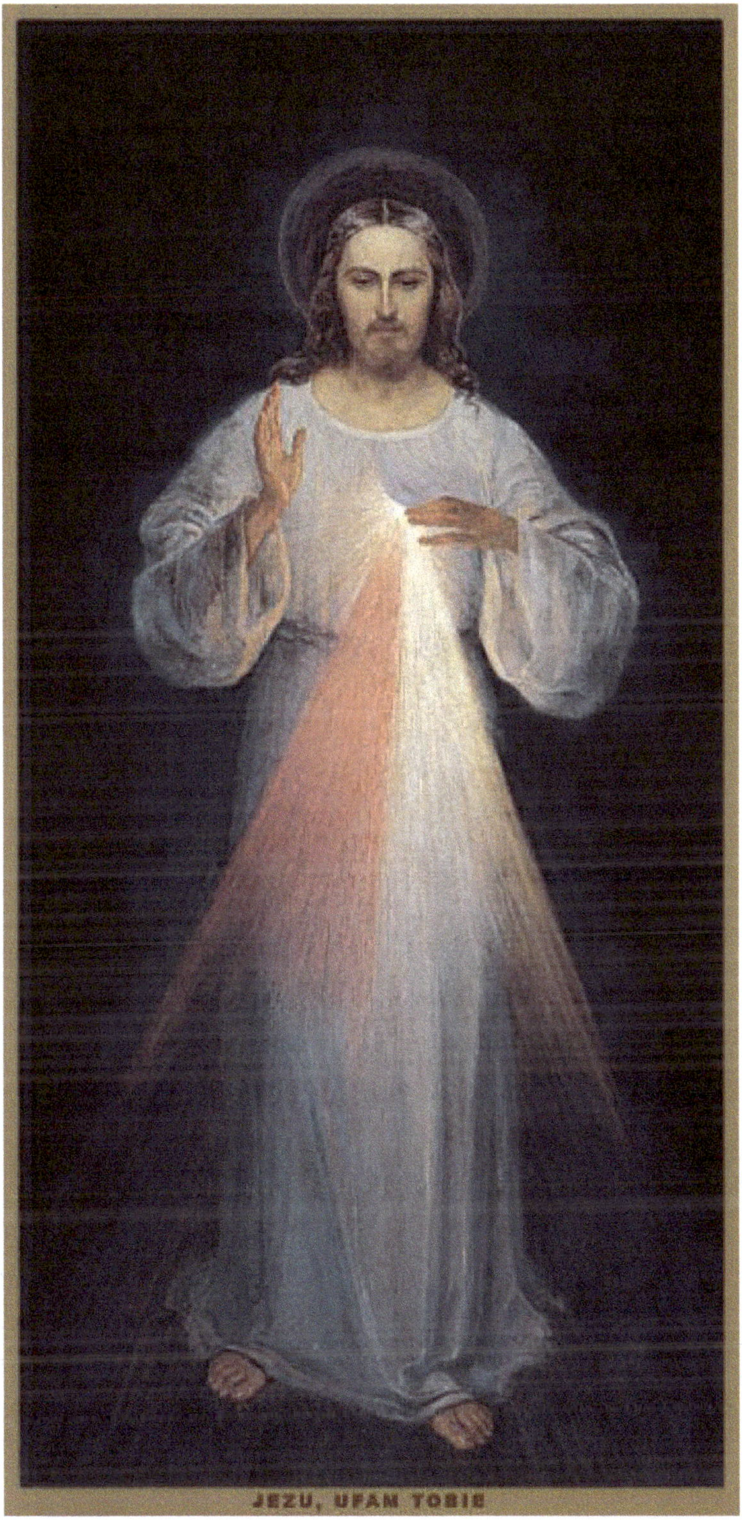
JEZU, UFAM TOBIE

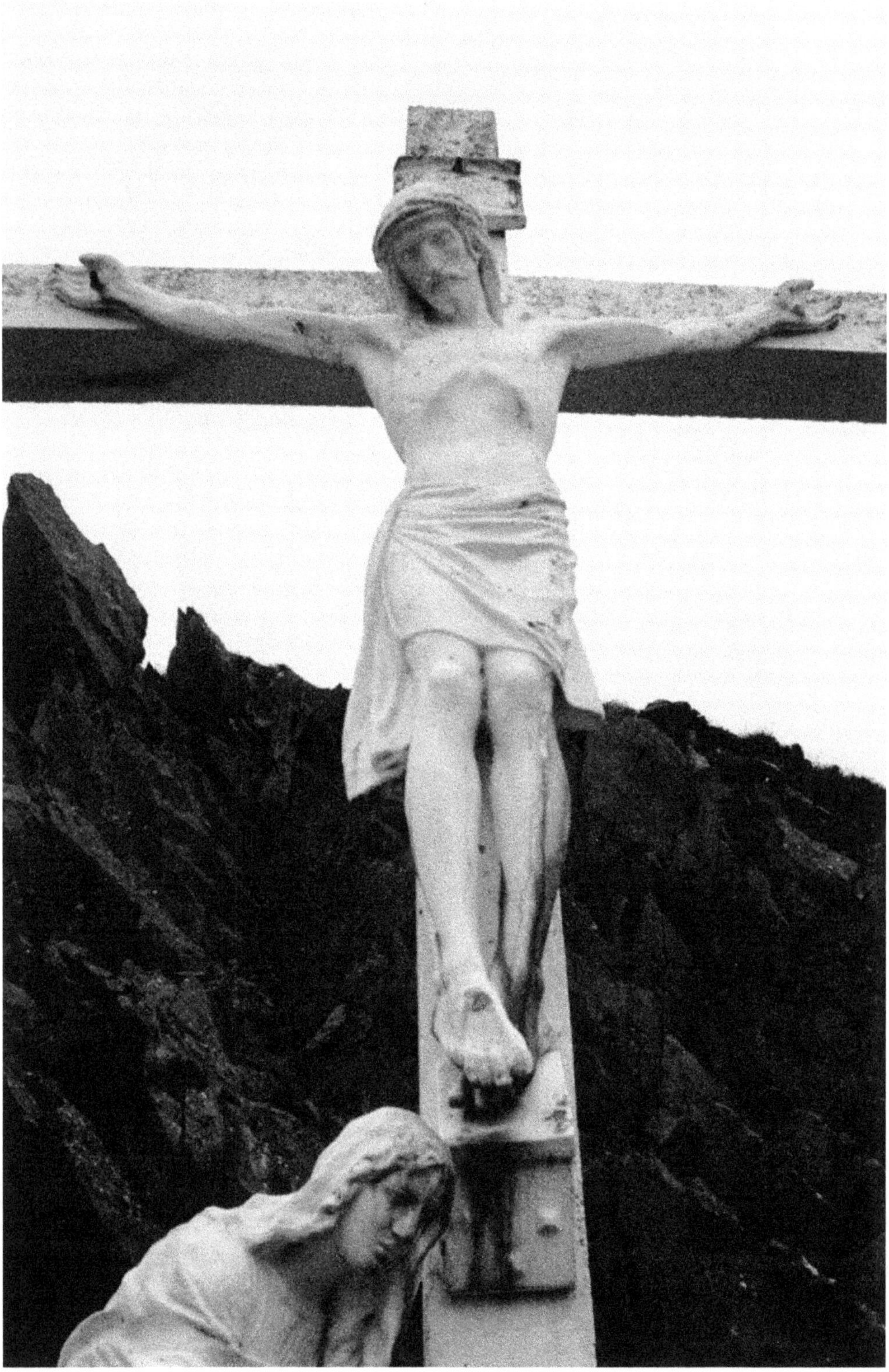

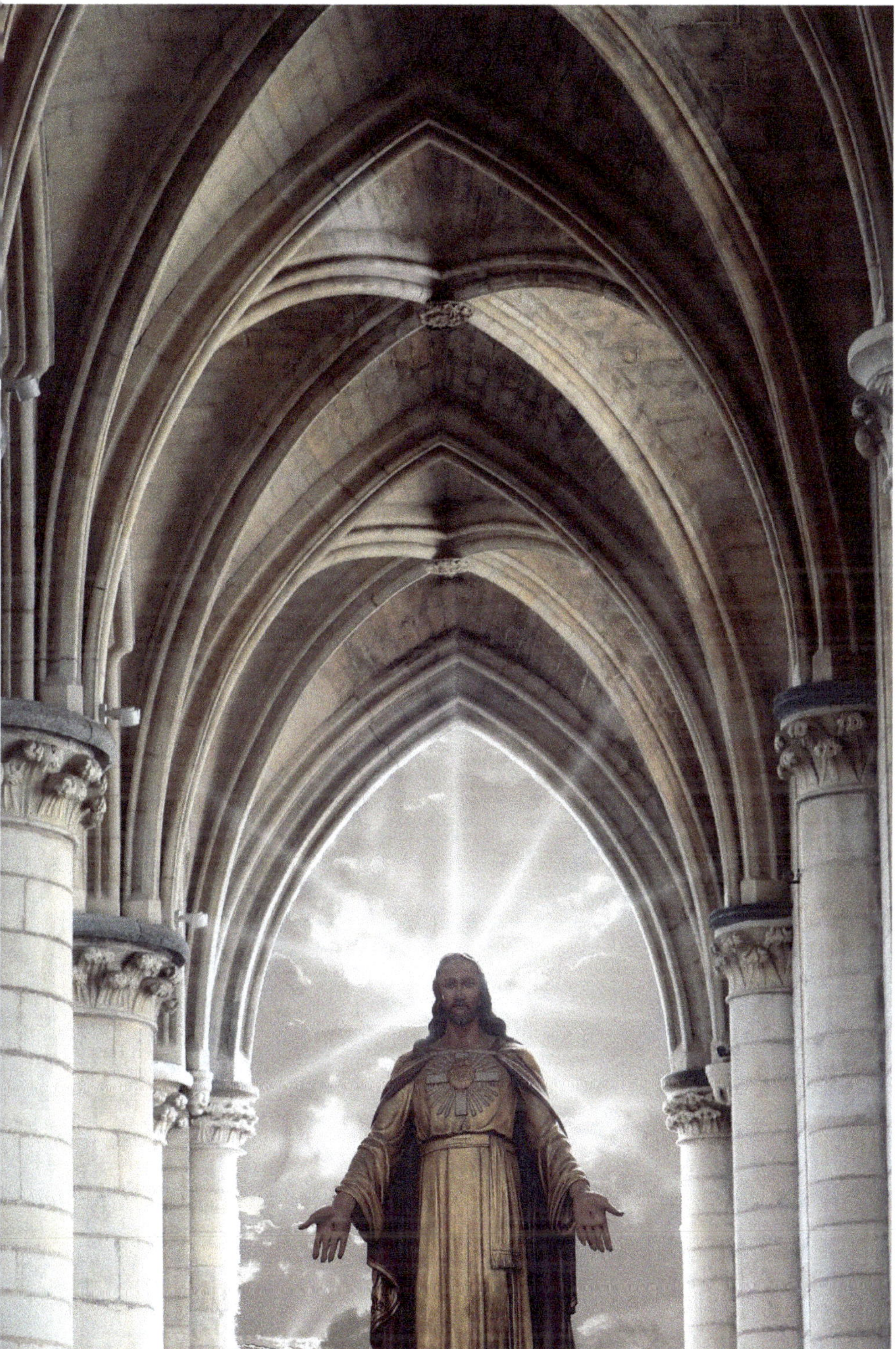

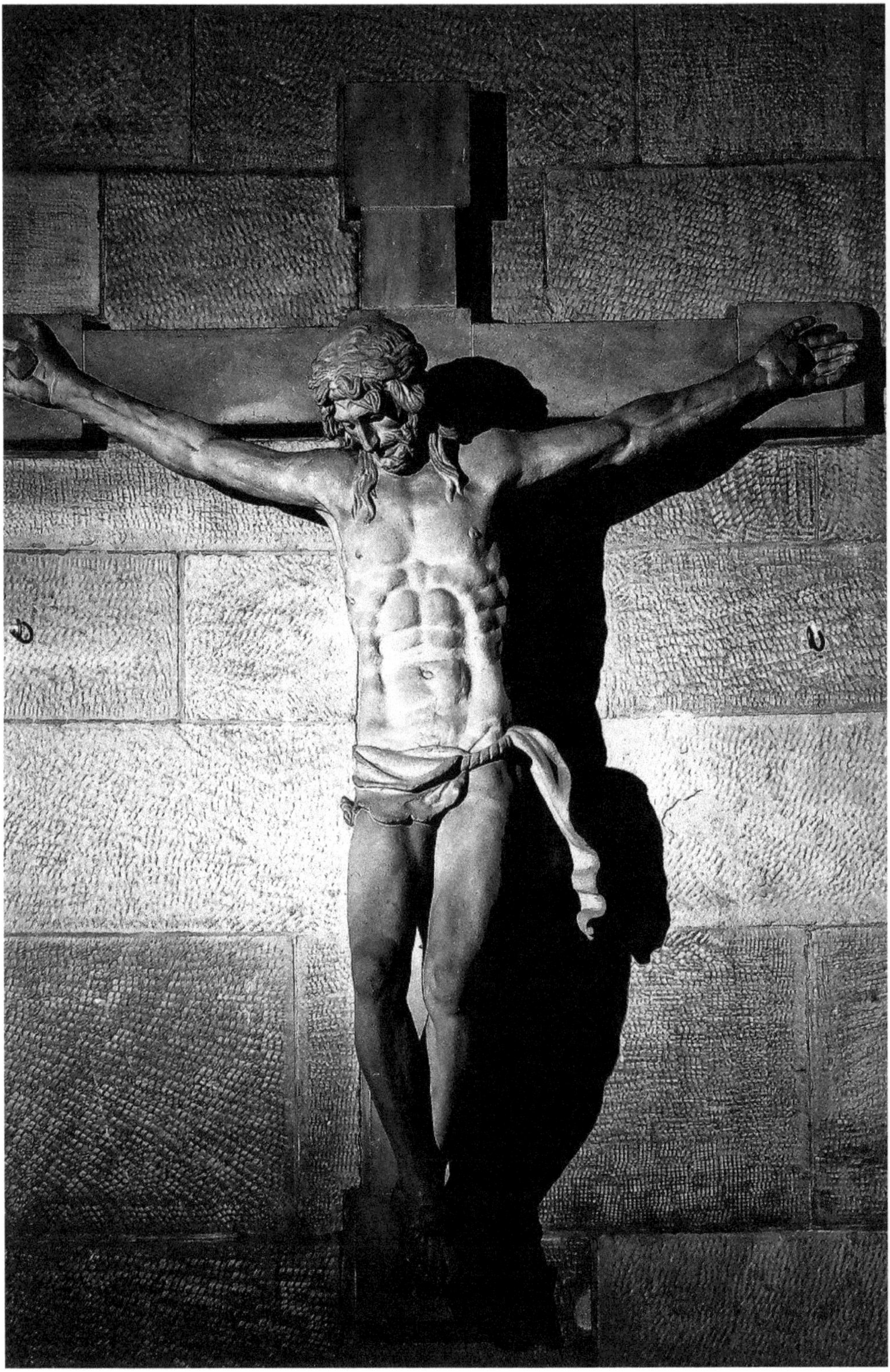

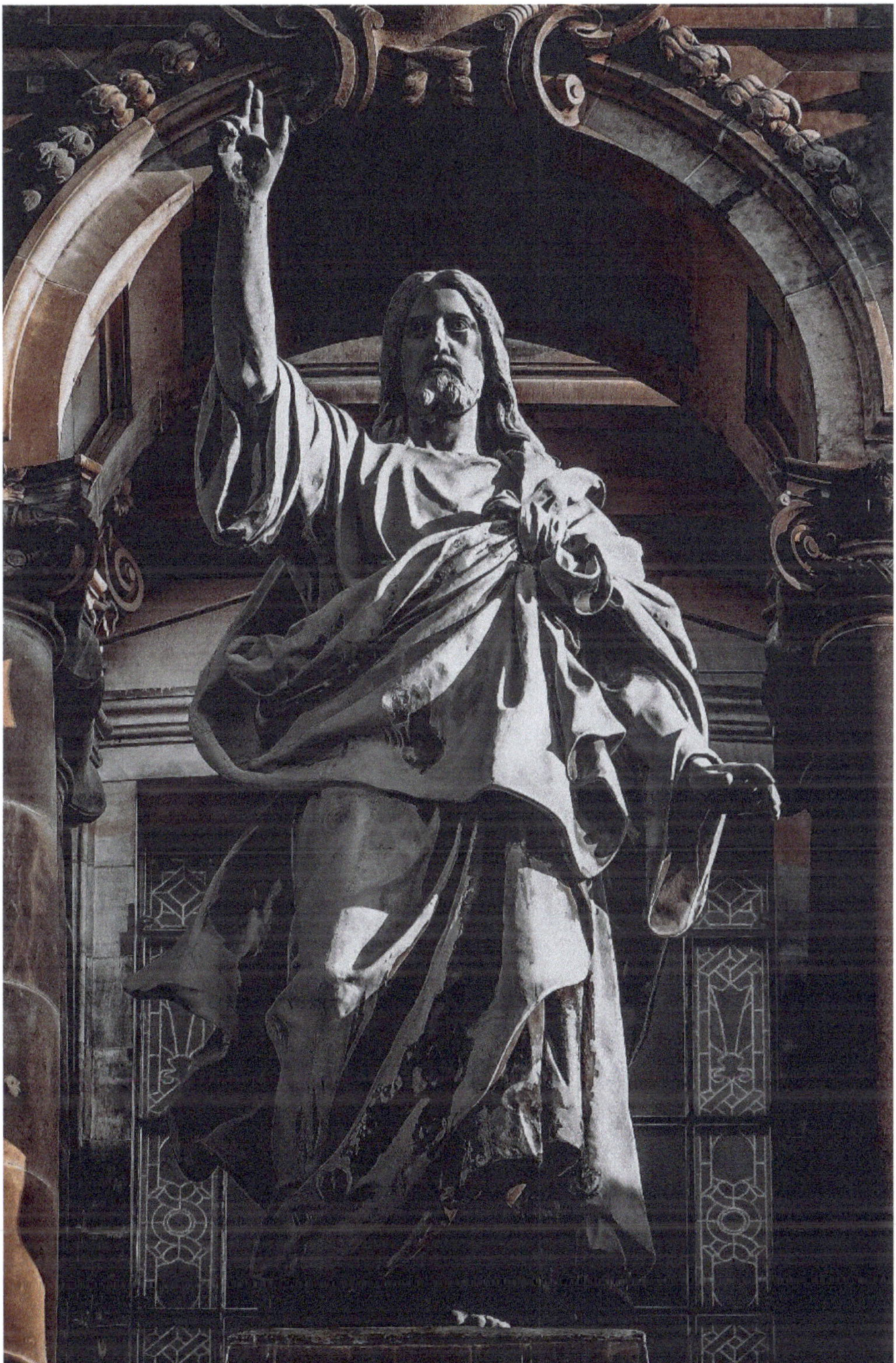

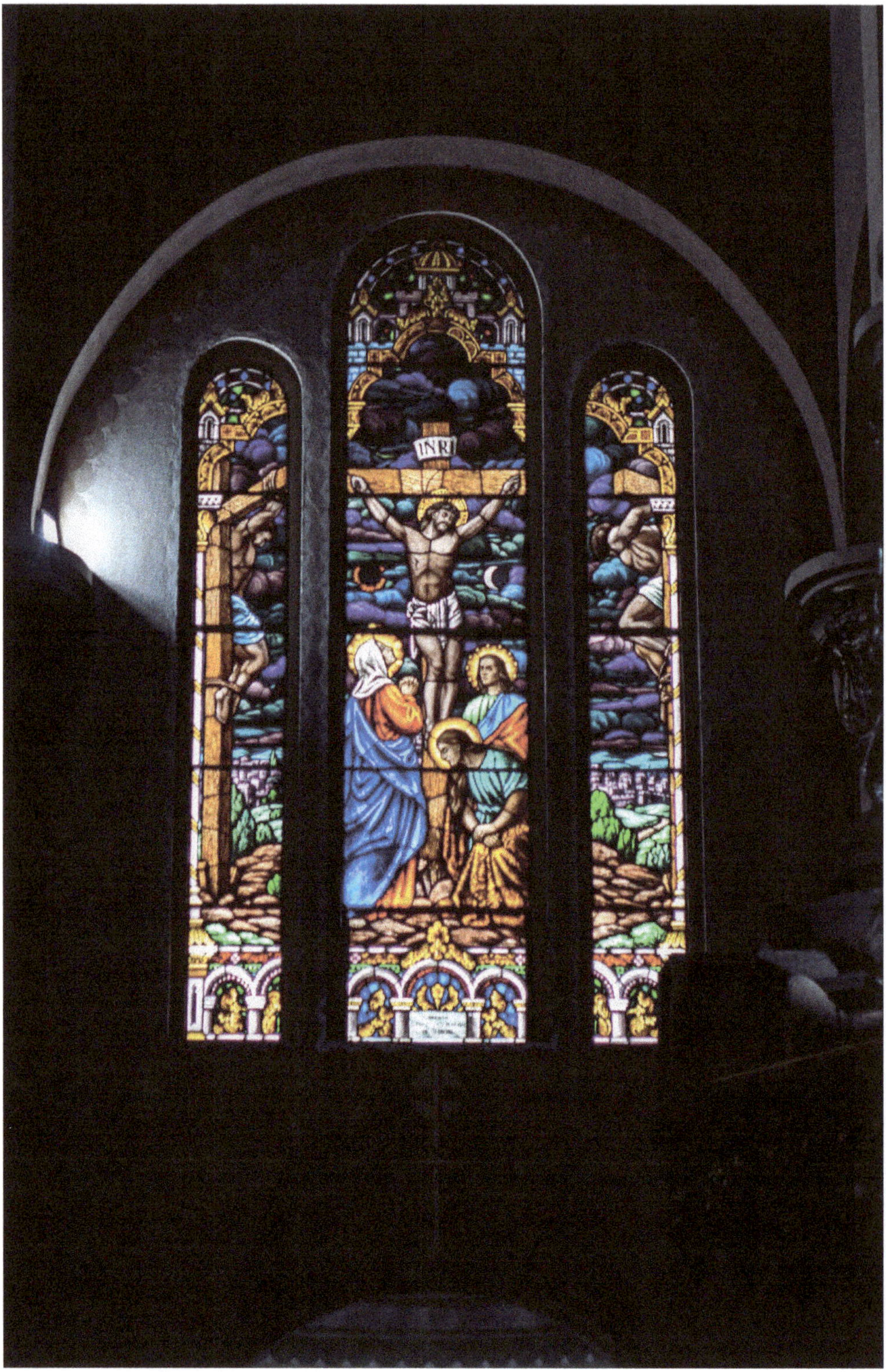
INRI

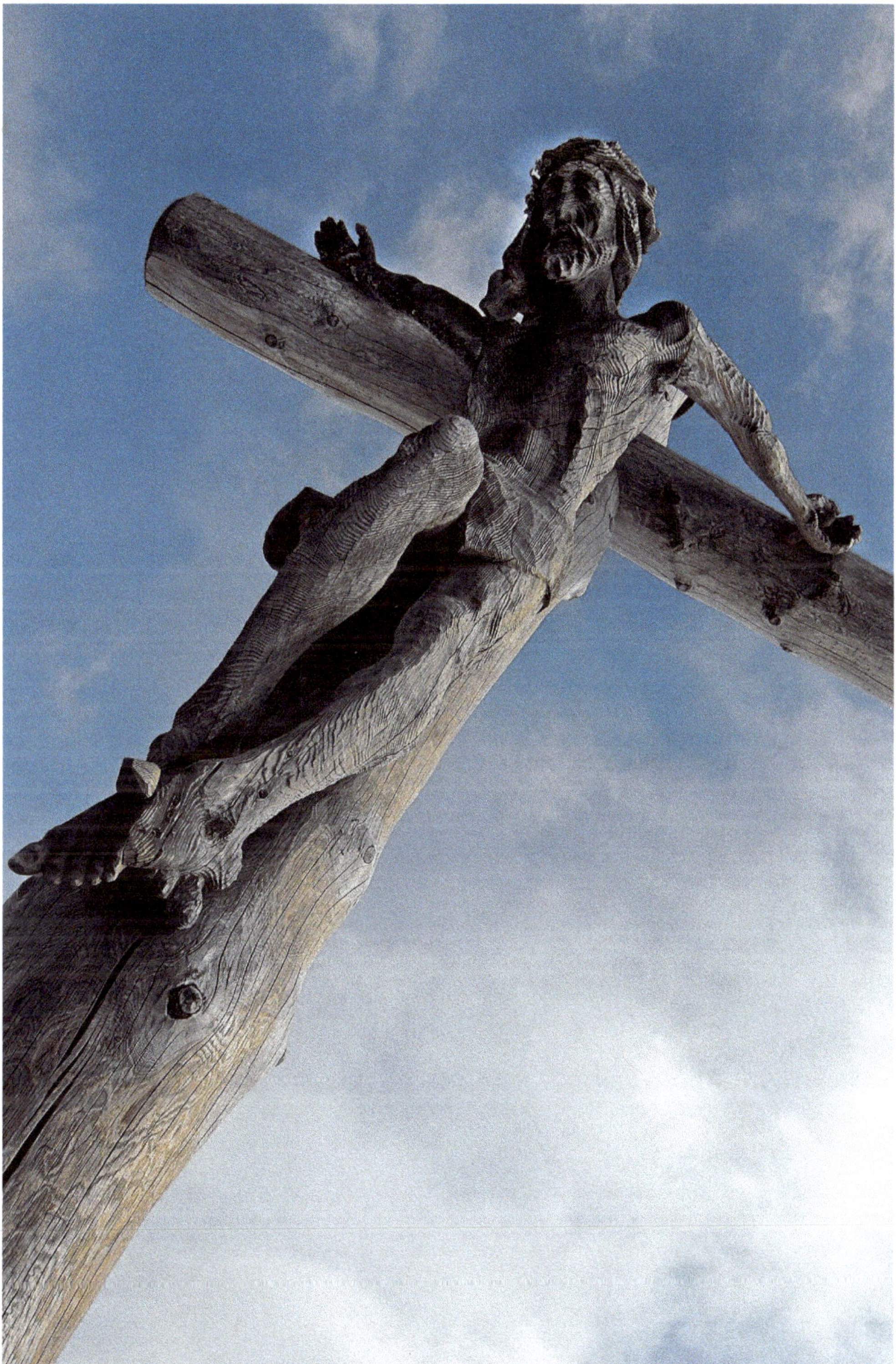

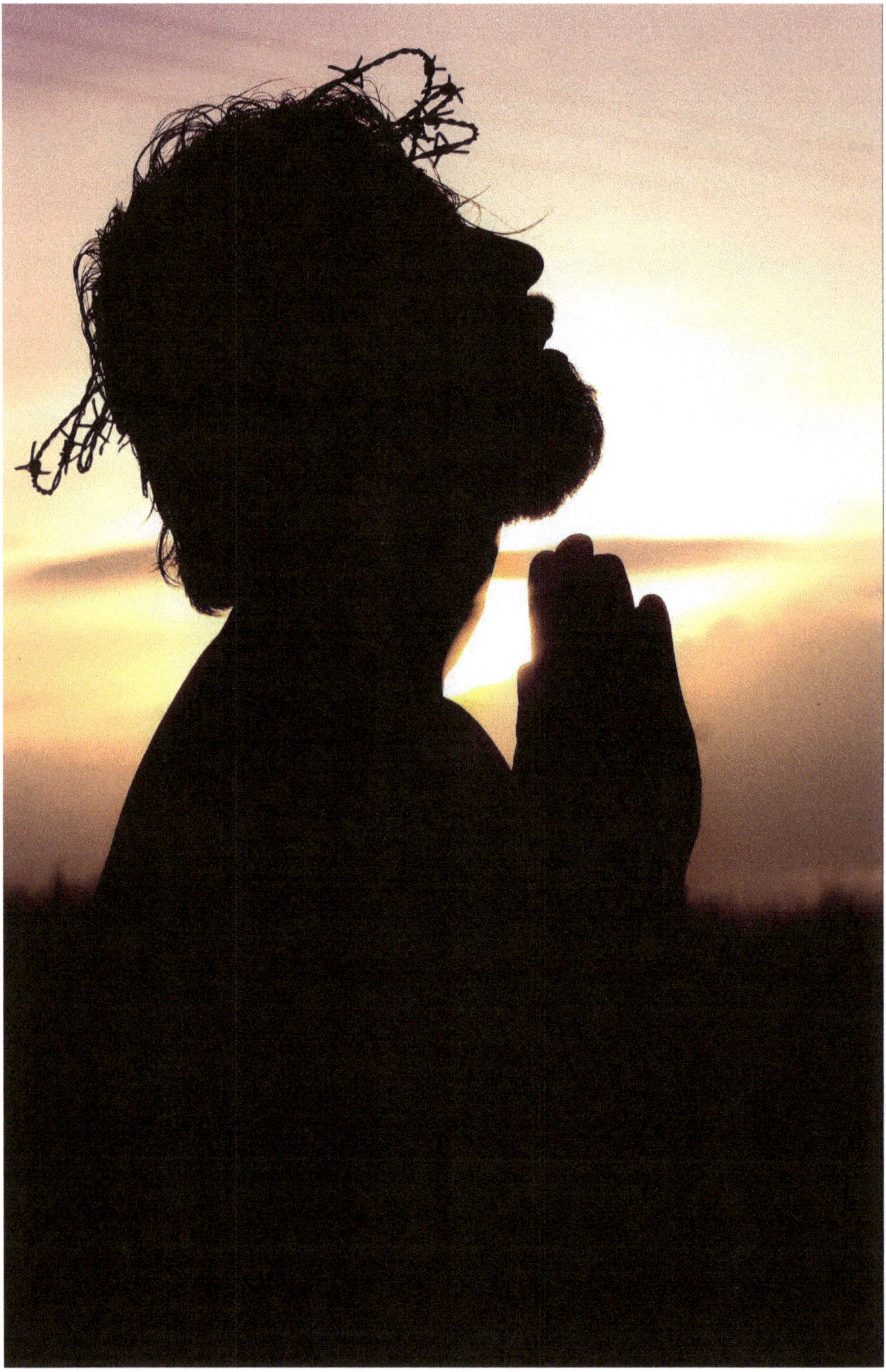

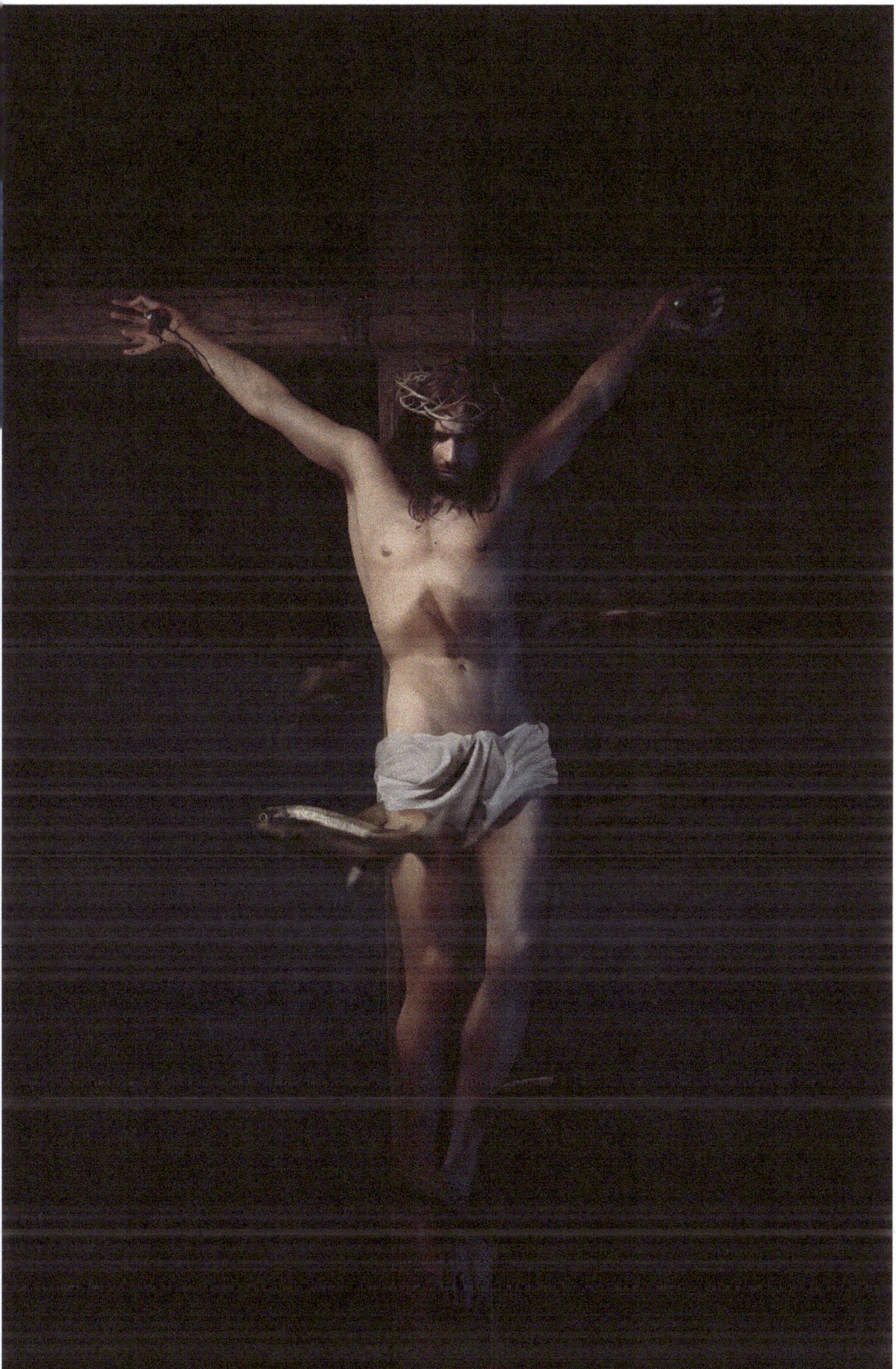

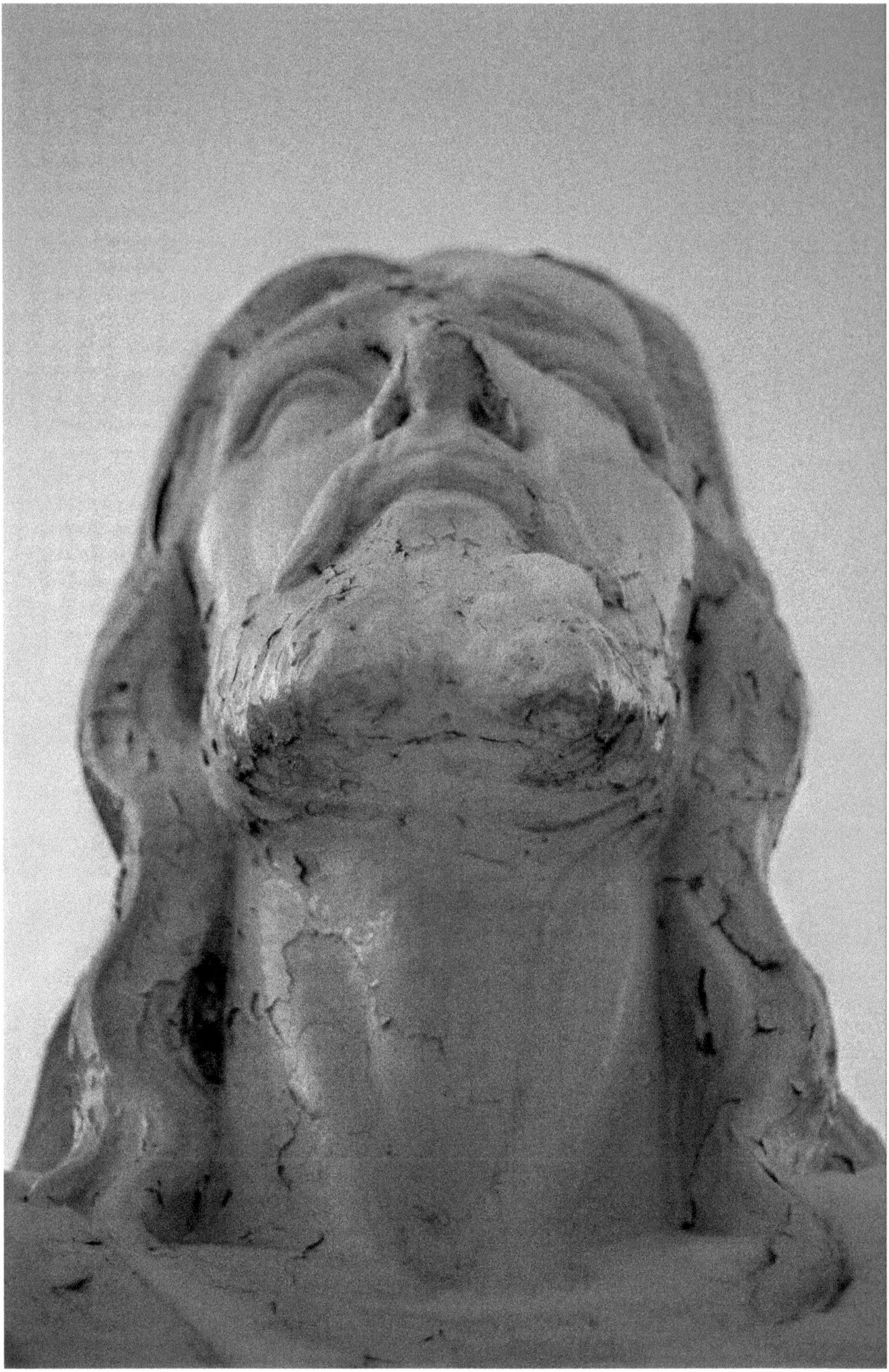

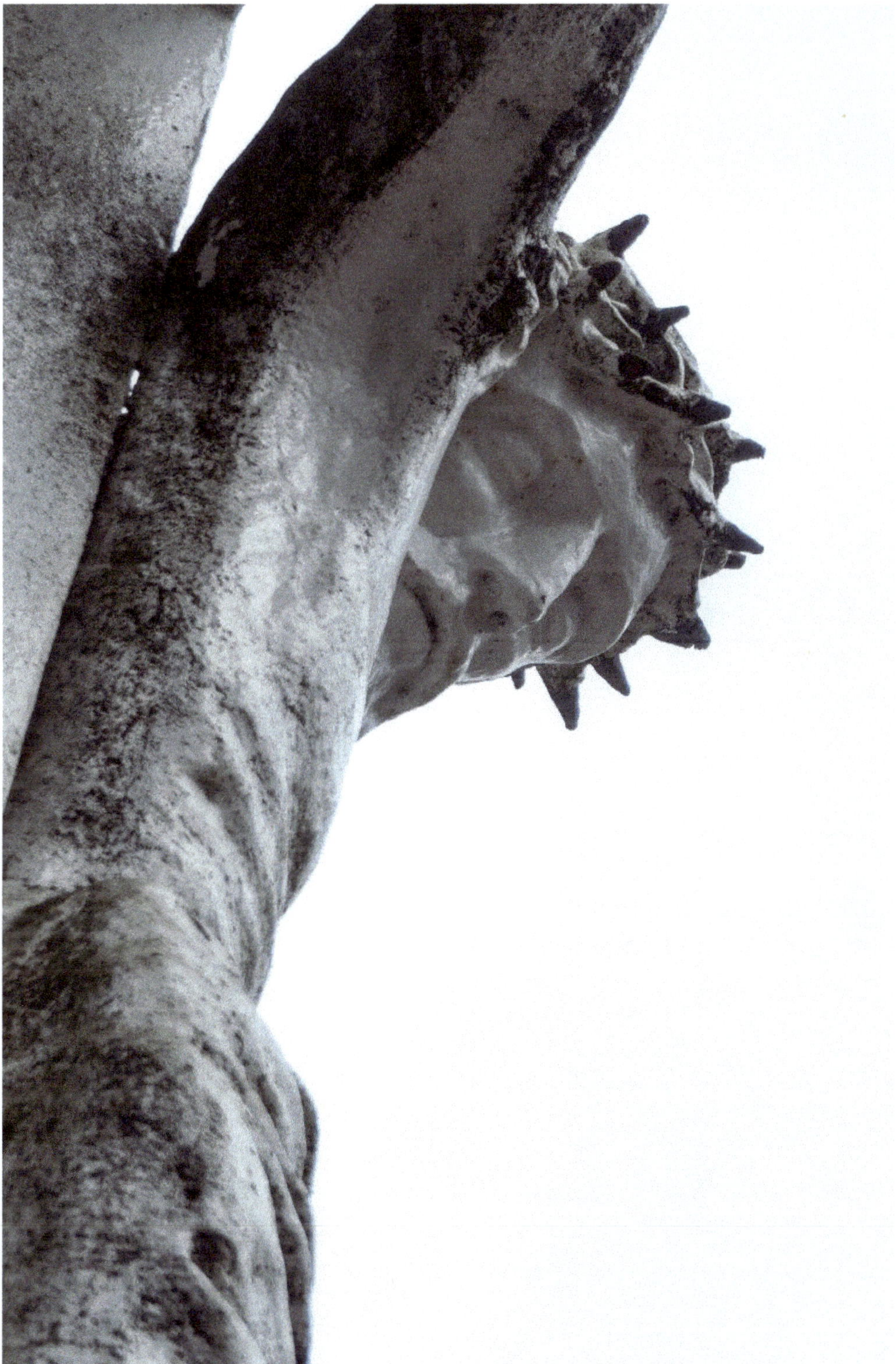

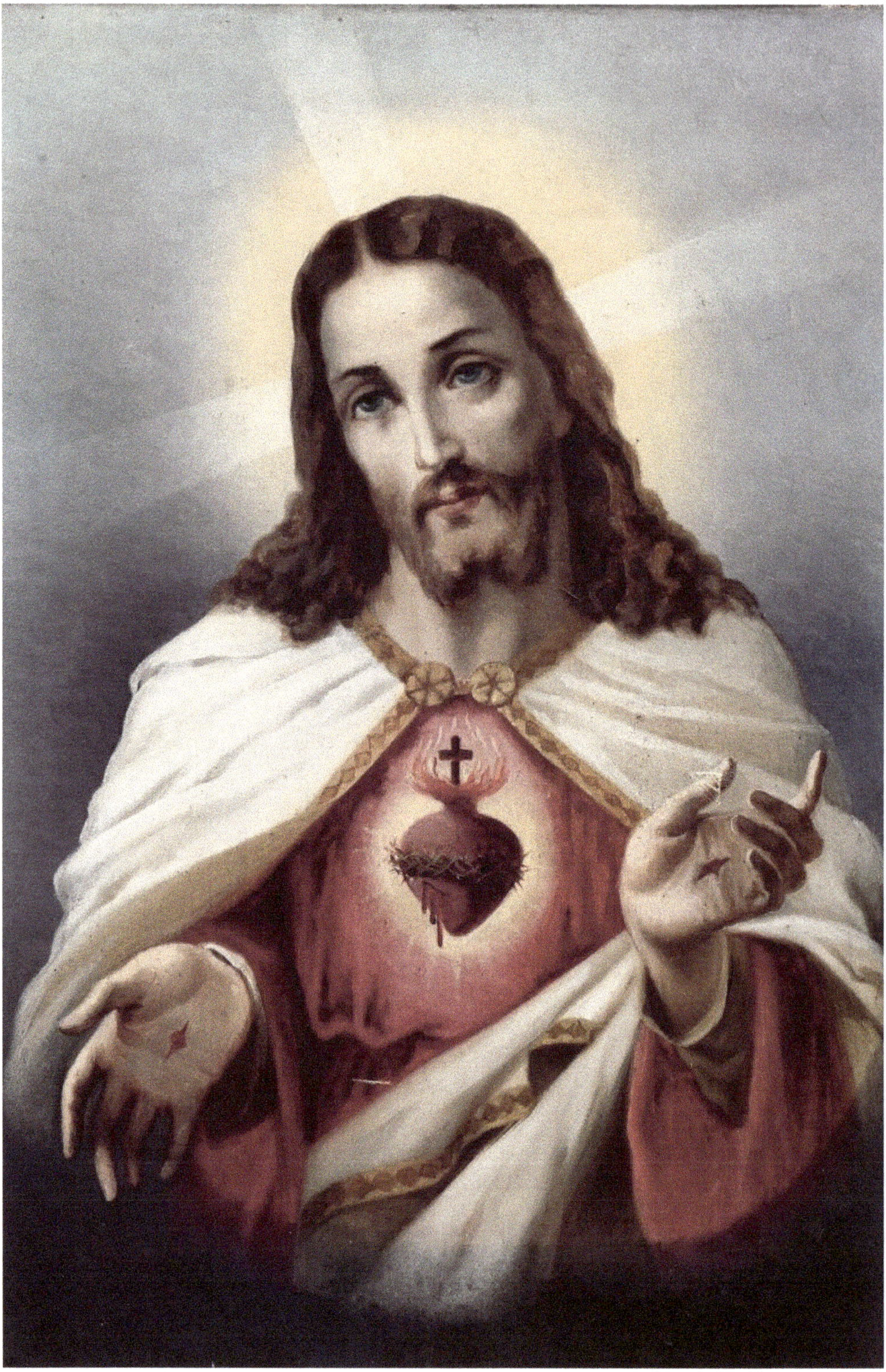

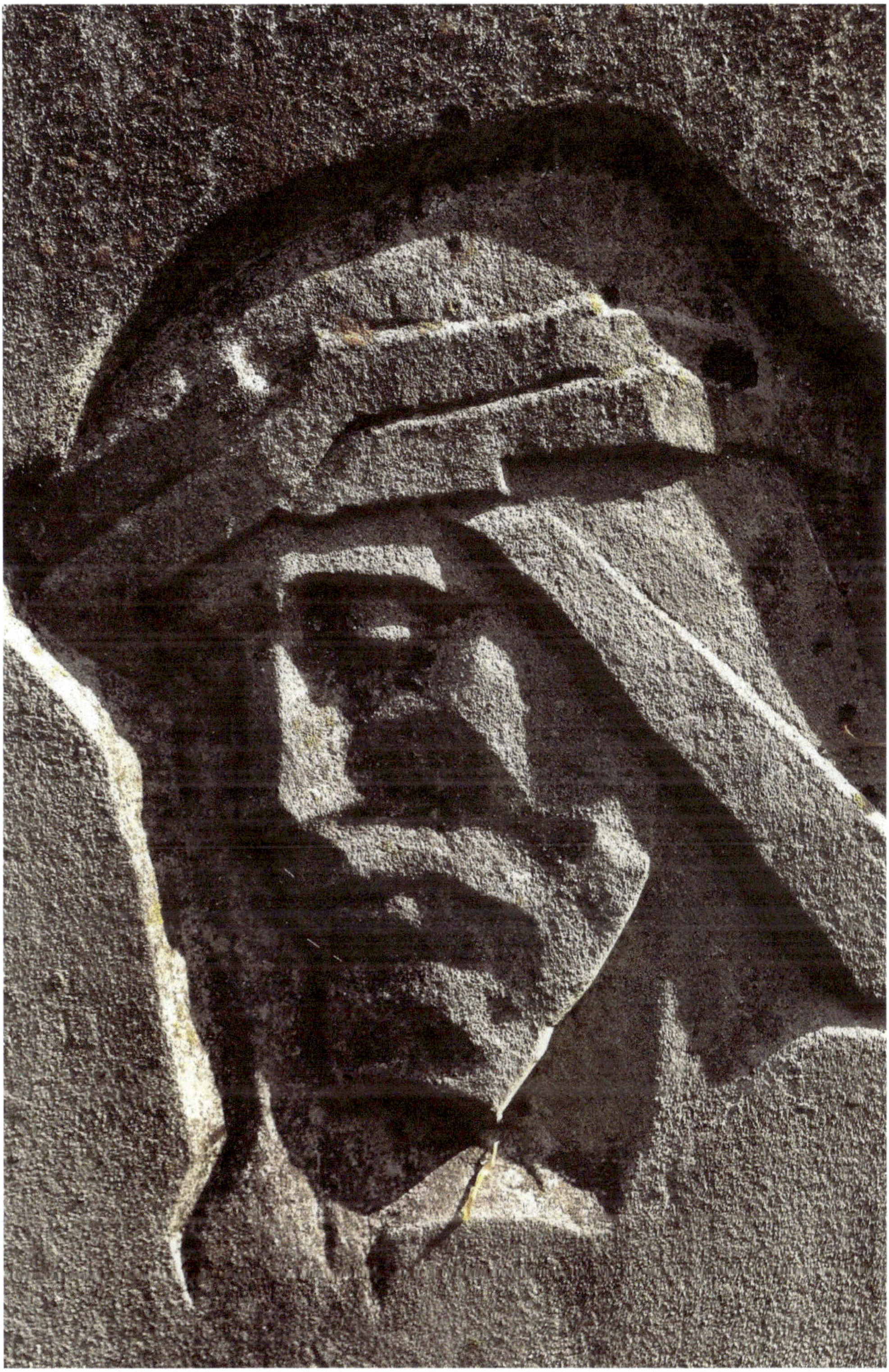

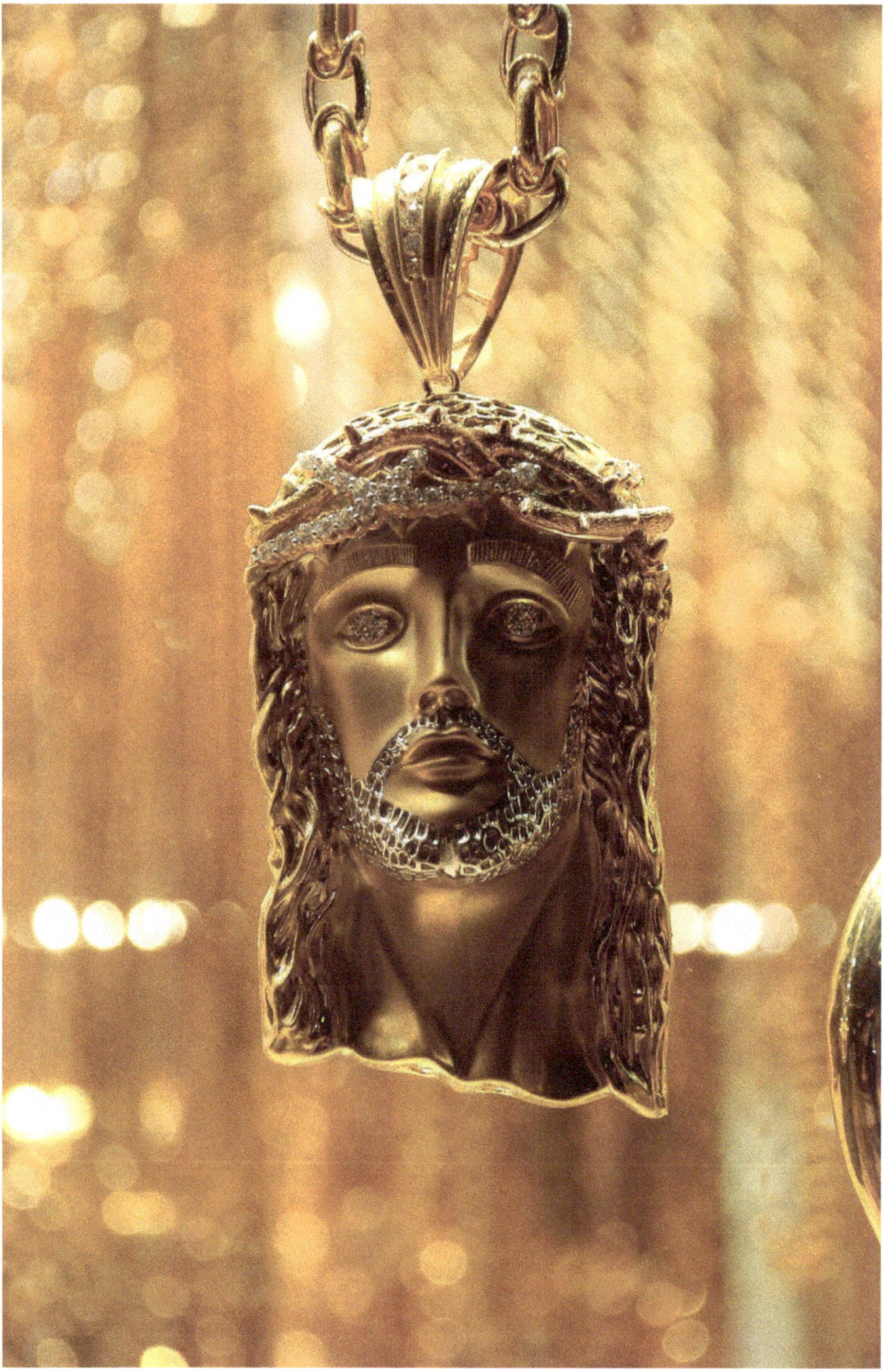

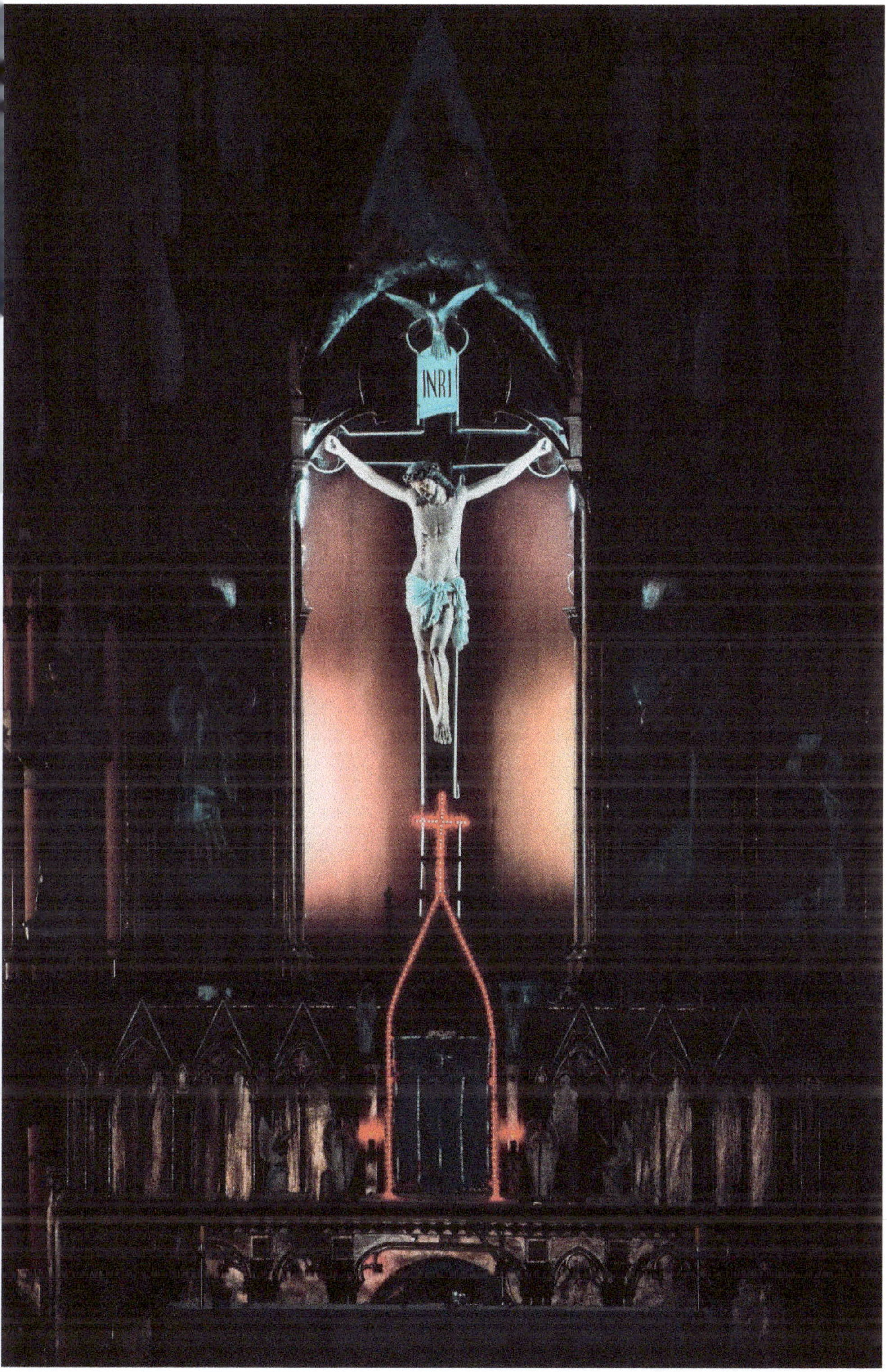
INRI

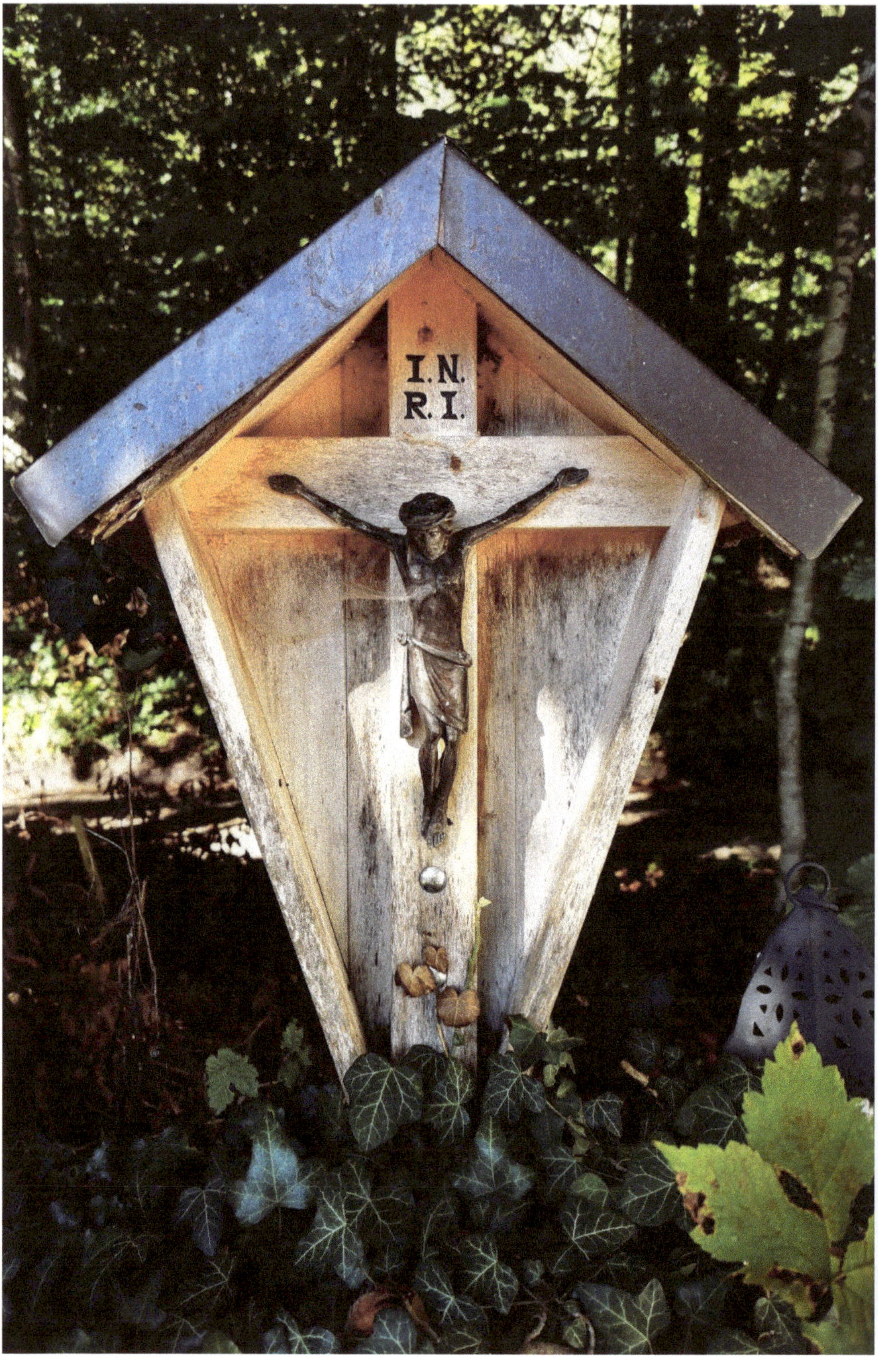
I.N.
R.I.

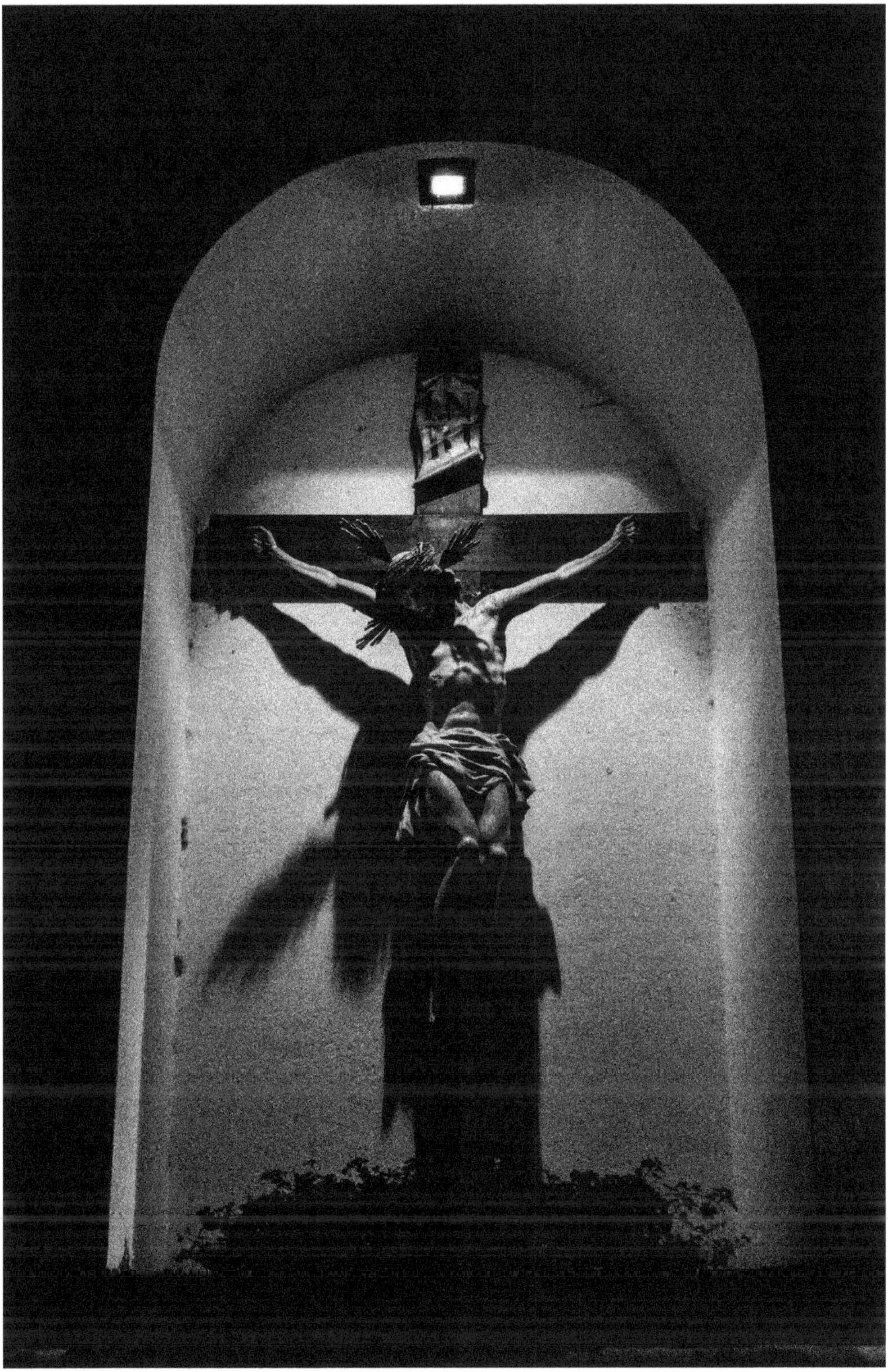

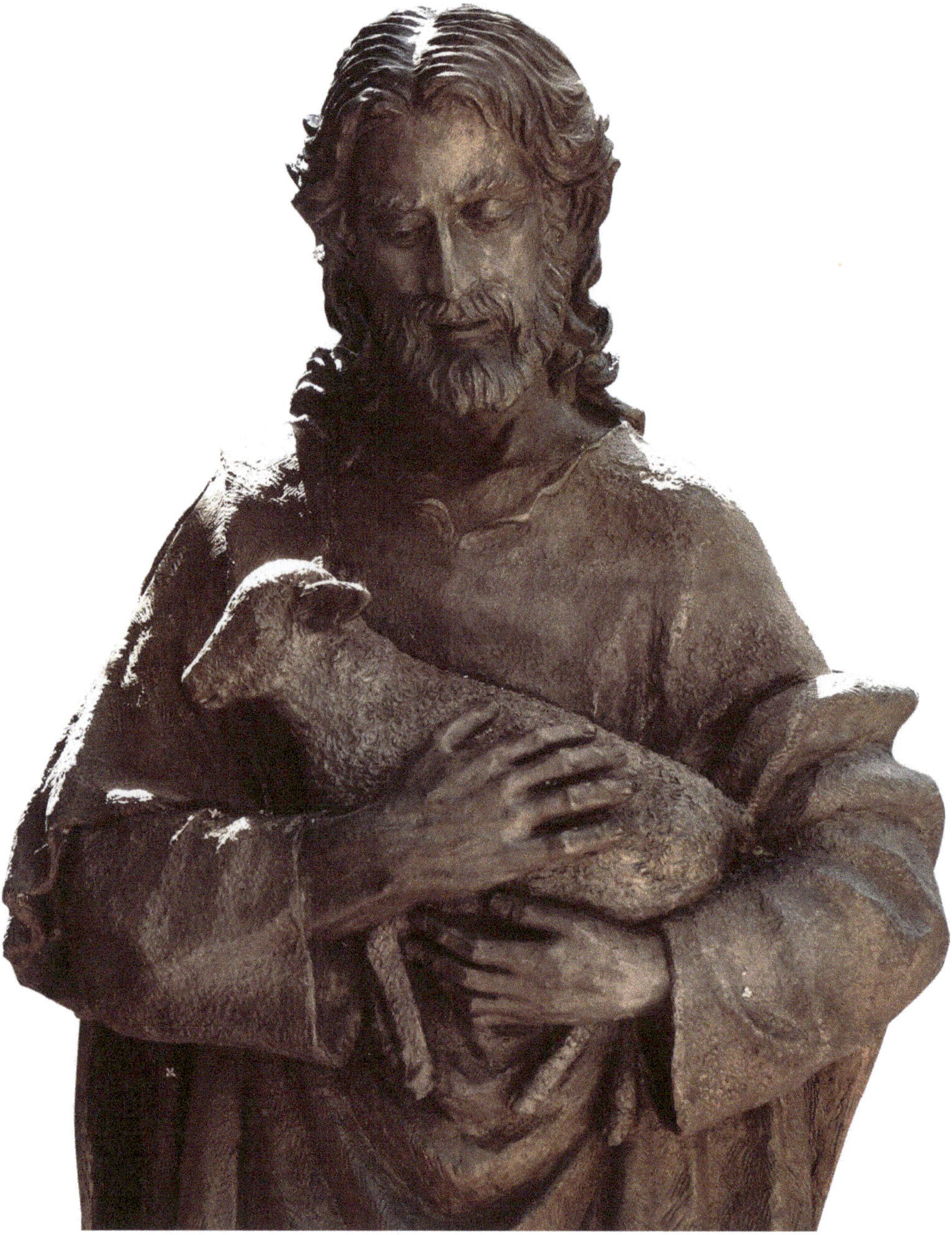

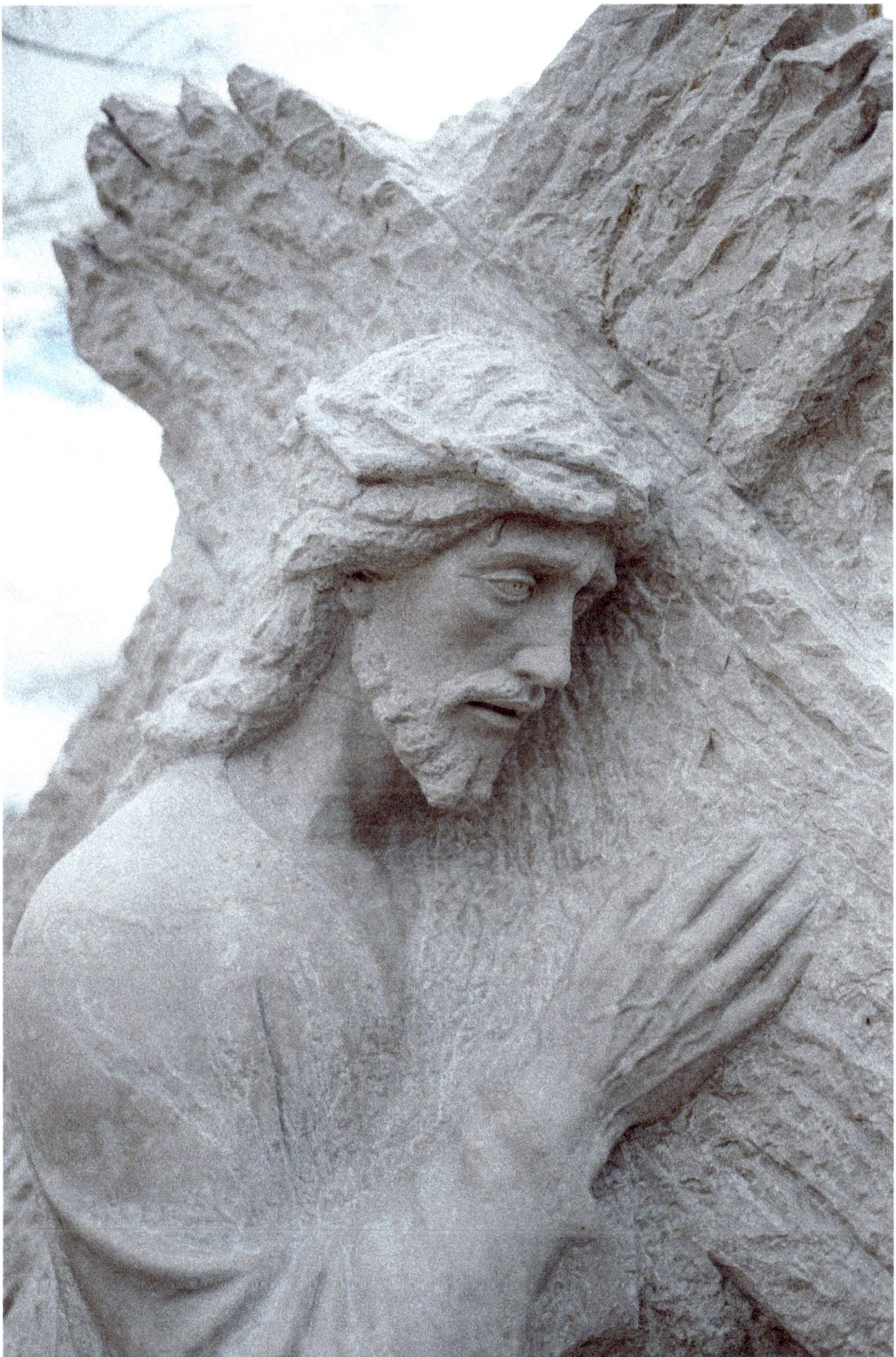

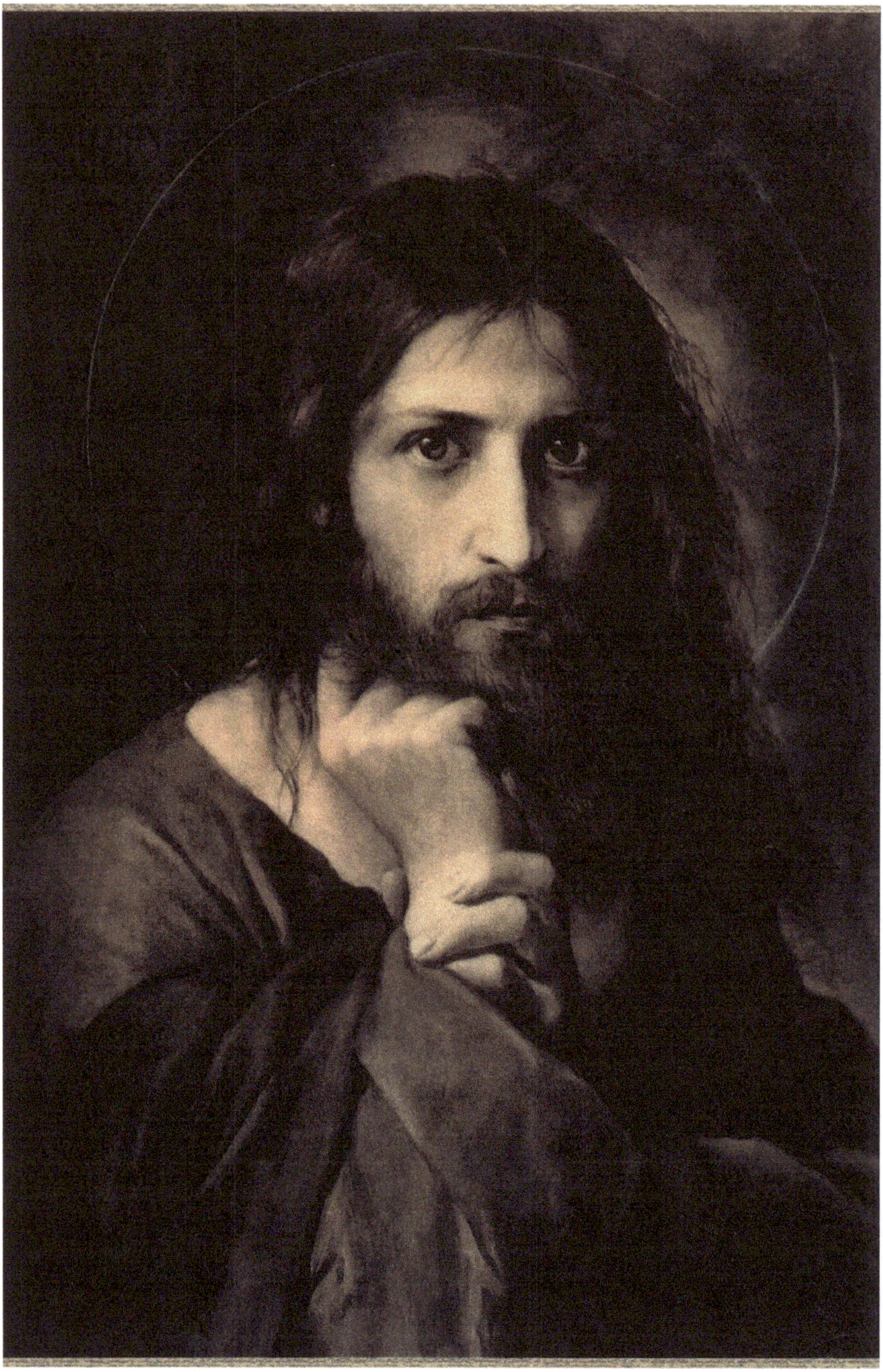

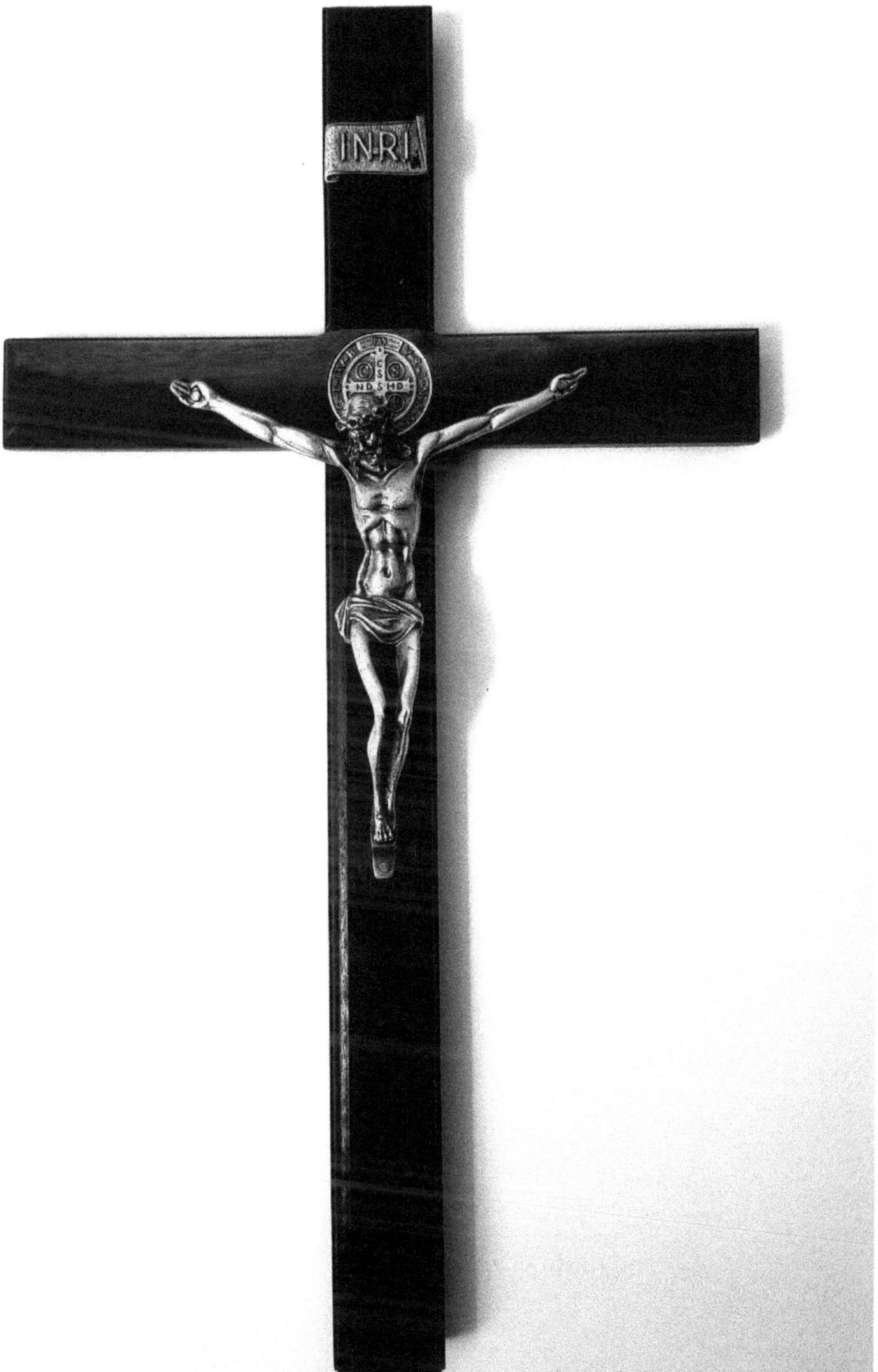
INRI

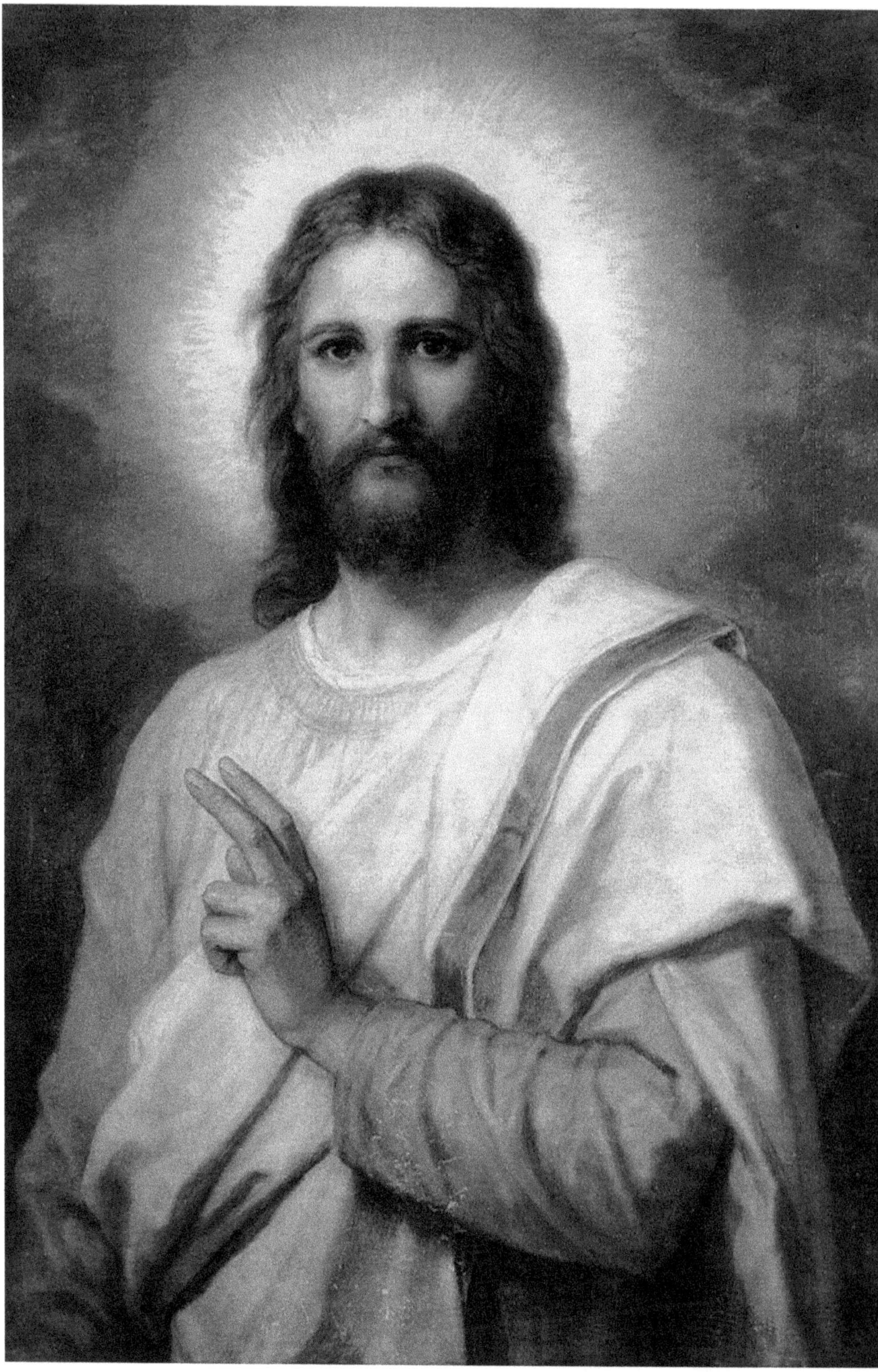

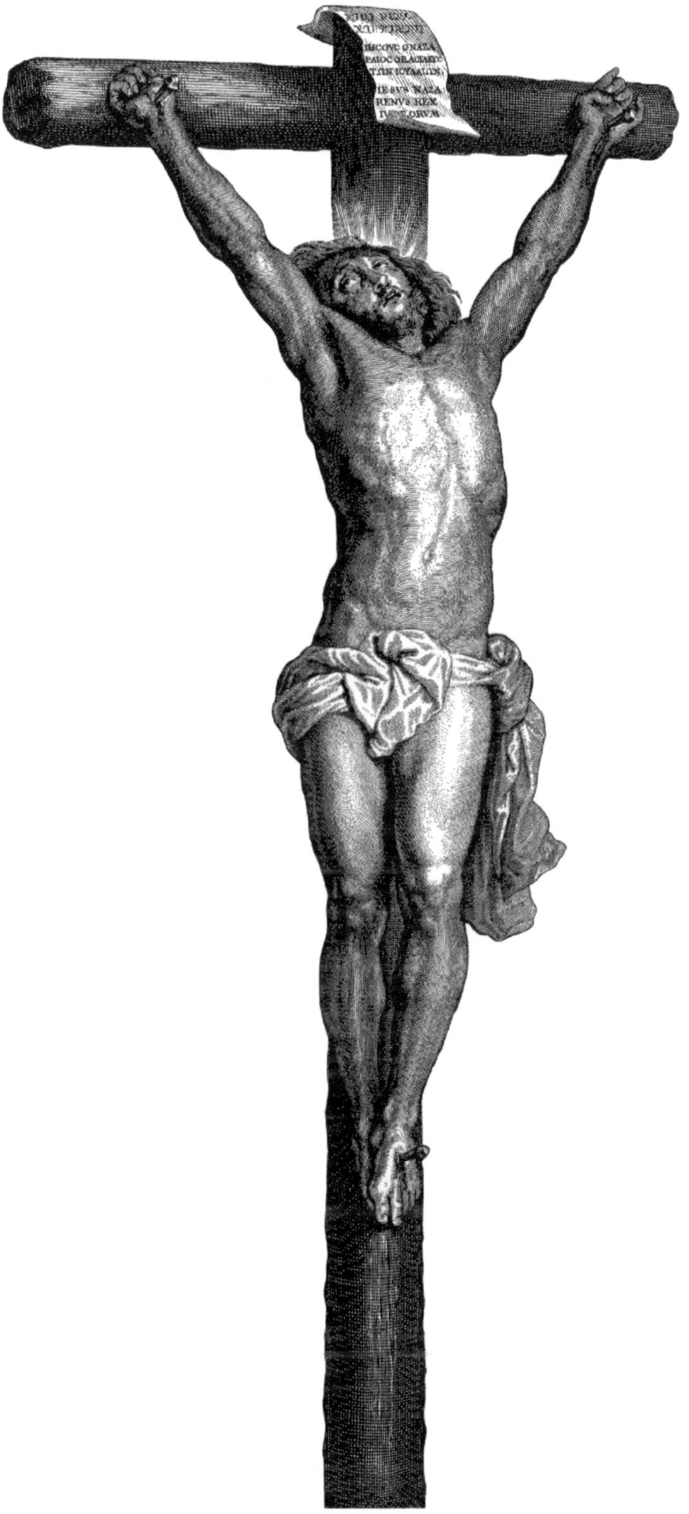
IESVS NAZA
RENVS REX

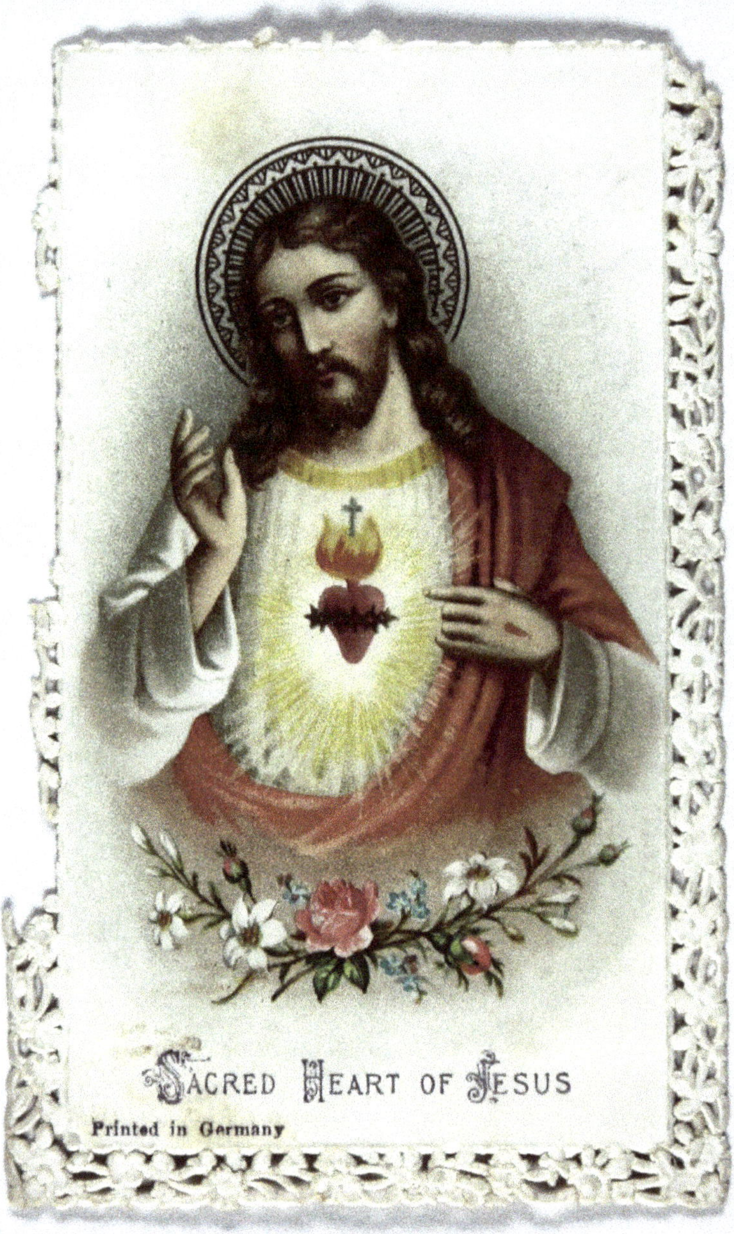
SACRED HEART OF JESUS
Printed in Germany

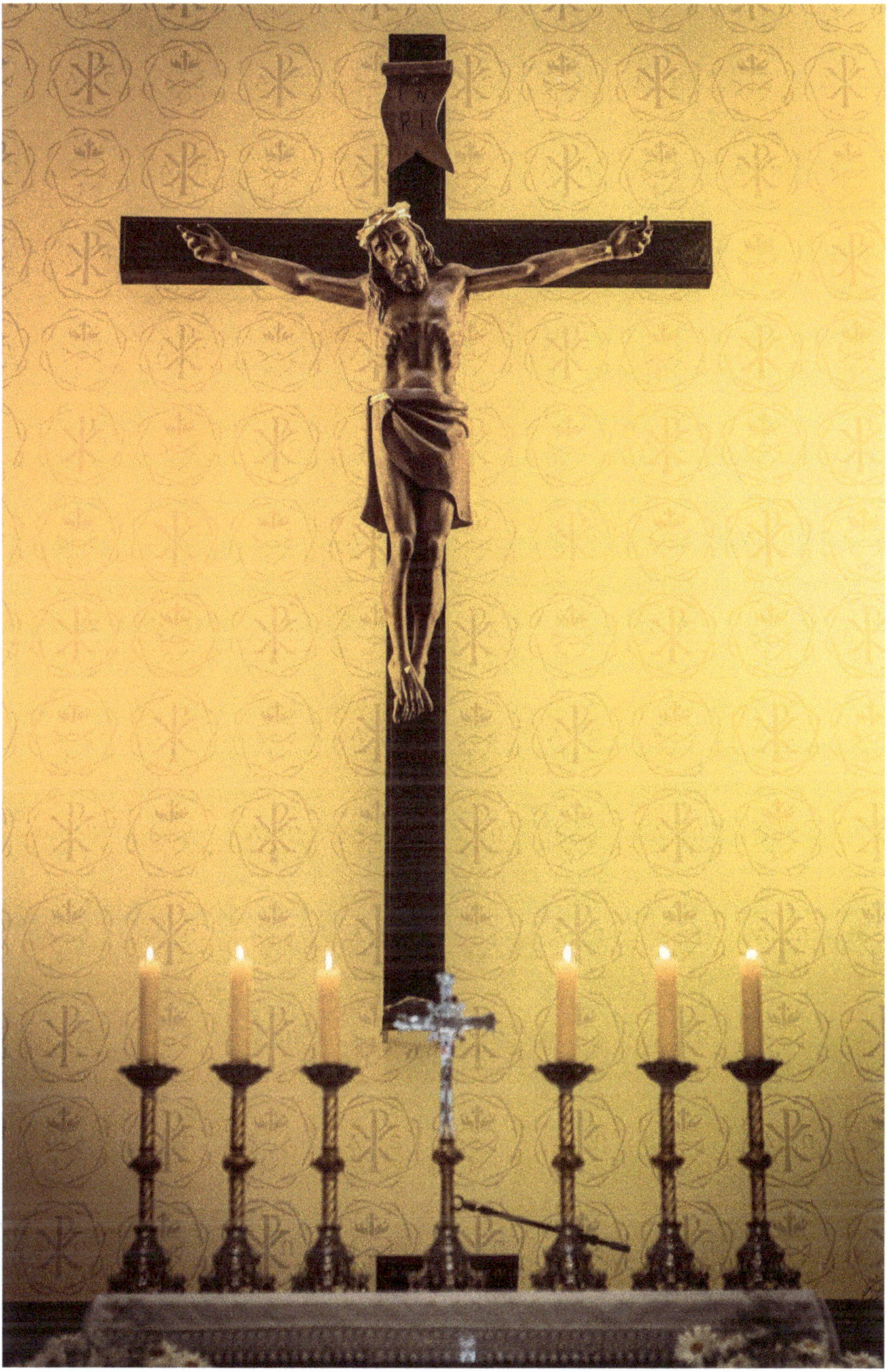

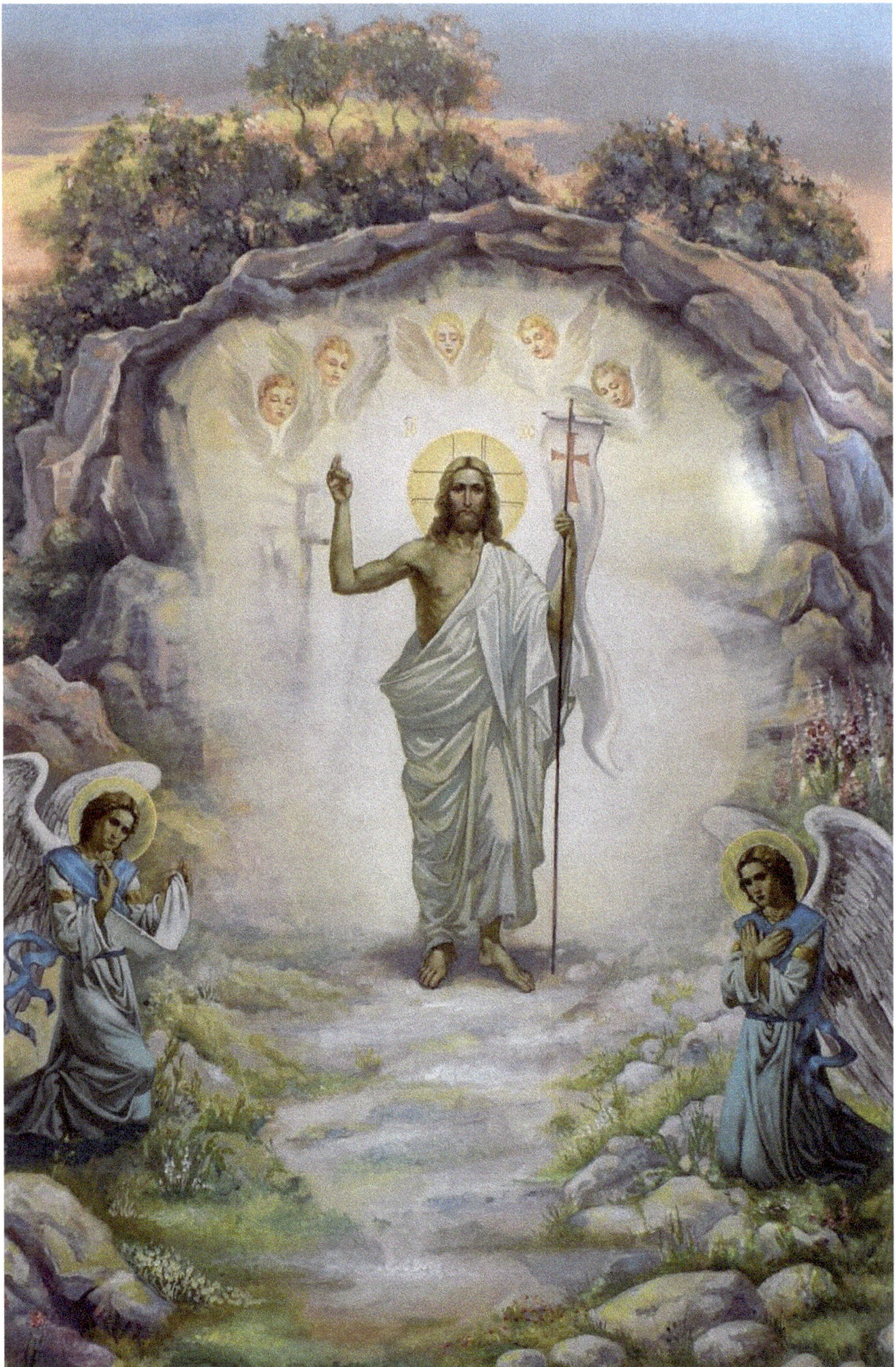

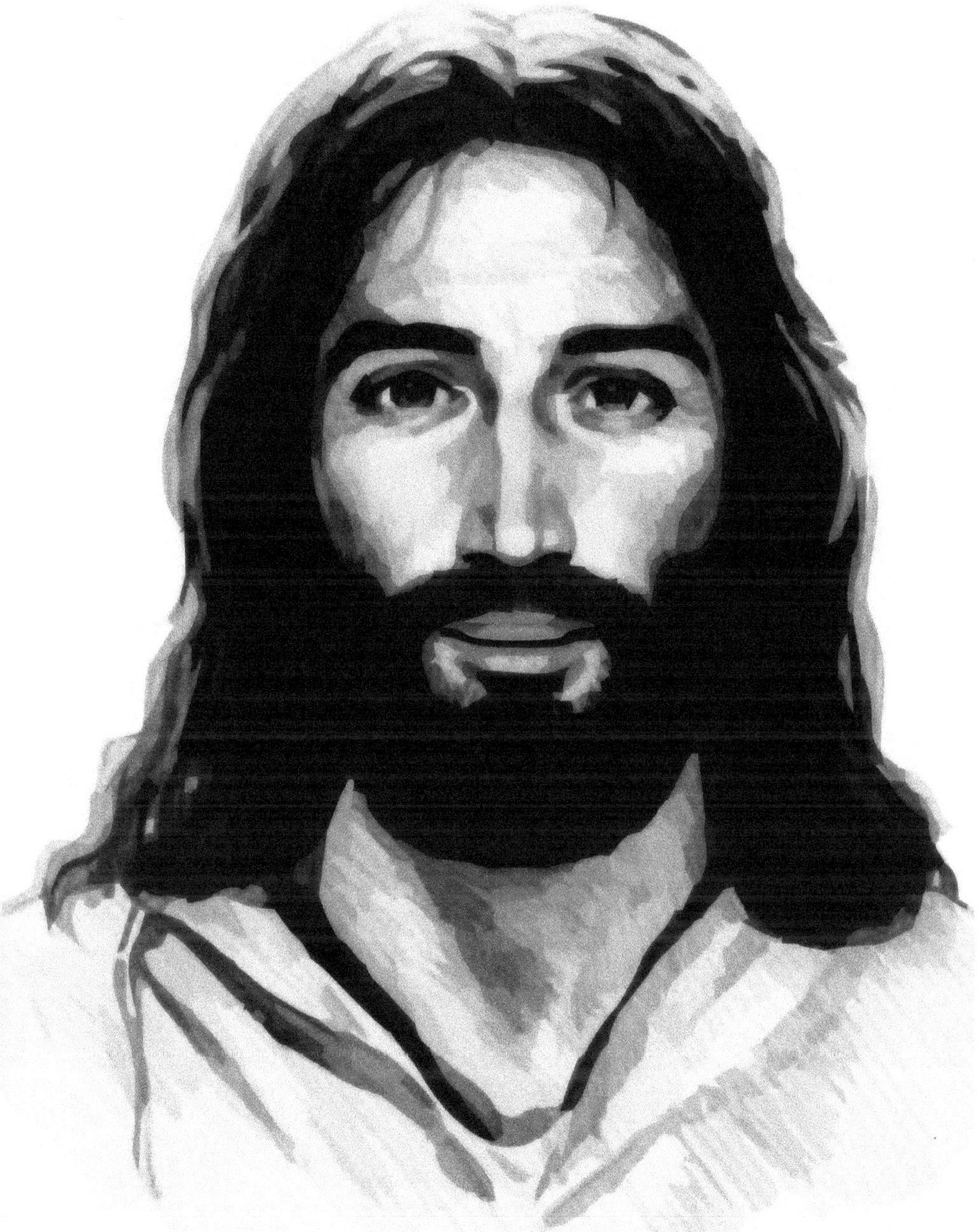

MURRE
BOOK DECOR